教科書ぴったりトレーニング

漢字４年

東京書籍版
新しい　国語

巻末《かんまつ》	学力しんだんテスト	とりはずしてお使いください
別冊《べっさつ》	丸つけラクラクかいとう	

月　日

ふくしゅう

三年生で習った漢字①

1 ——線の漢字の読みがなを書きましょう。

① 毎日、早く__起__きる。（　）
② __豆__ごはんを食べる。（　）
③ __人物__の気持ちを考える。（　）
④ 野球の__練習__をする。（　）
⑤ 百科__事__てんをつかう。（　）
⑥ 水を__使__って遊ぶ。（　）
⑦ すこやかに__育__つ。（　）
⑧ __水泳__の大会に出る。（　）

2 □に漢字を書きましょう。

① ひまわりの□《は》をさわる。
② □□《いちめん》に花畑が広がる。
③ かえるは□□《みどりいろ》をしている。
④ □□《かんしん》してほめる。
⑤ 弟の□□《ようす》をつたえる。
⑥ □《おう》だん歩道をわたる。
⑦ 国の人口《じんこう》が□□《にばい》になる。

⑧ □□□《としょかん》に出かける。
⑨ □□《いみ》を考えながら漢字を書く。
⑩ てきから□《み》をかくす。
⑪ 夏の□□《かつどう》をまとめる。
⑫ バスのとびらが□《ひら》く。
⑬ □《かかり》の仕事をがんばる。
⑭ 自分の考えを□□《はっぴょう》する。

答え 2ページ

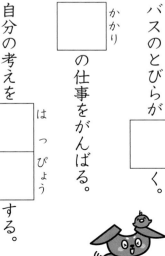

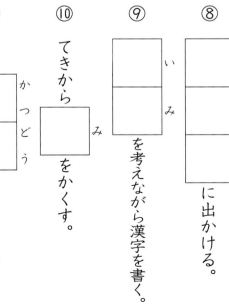

月　日

ふくしゅう 三年生で習った漢字②

答え 2ページ

1 ――線の漢字の読みがなを書きましょう。

① 新しい先生が登場する。（　）
② どんぐりを集める。（　）
③ 暑い夏はプールで遊びたい。（　）
④ こまっている人を助ける。（　）
⑤ 道でさいふを落とす。（　）
⑥ バットでボールを打つ。（　）
⑦ 国語のテストを受ける。（　）
⑧ 陽光がさす道を歩く。（　）

2 □に漢字を書きましょう。

① 船で小さな□《しま》にわたる。
② □□《あんしん》してねむる。
③ 先生に□□《りゆう》を話す。
④ □《つぎ》の人に声をかける。
⑤ 日本の□□《のうぎょう》について学ぶ。
⑥ □《いのち》を大切にする。
⑦ 友だちにじゃんけんで□《か》つ。

⑧ □□《やね》に雪がつもる。
⑨ お□《ば》けやしきに入る。
⑩ あたたかい服を□《き》る。
⑪ ぎょうざの□《かわ》をつつむ。
⑫ □《しょう》ぼう車とすれちがう。
⑬ □《はこ》ばれてきた物をならべる。
⑭ □□《ろせん》バスに乗る。

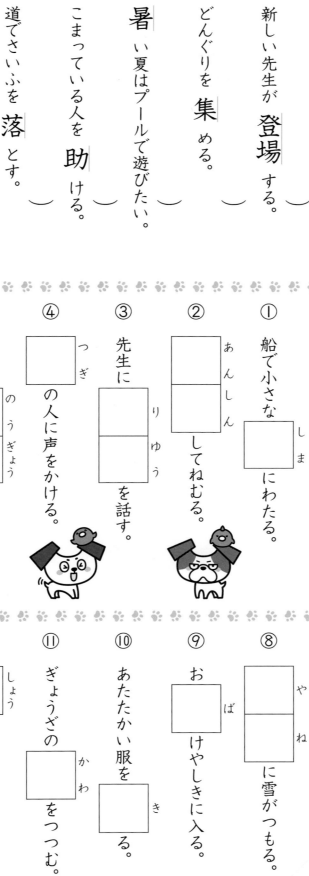

□月 □日

ふくしゅう 三年生で習った漢字③

1 ――線の漢字の読みがなを書きましょう。

① 昔（　）の話を聞く。

② 文を短（　）くまとめる。

③ 調べたことを整理（　）する。

④ 犬について研究（　）する。

⑤ 大きな店で飲食（　）する。

⑥ マスクで鼻（　）をおおう。

⑦ 坂（　）のと中で立ち止まる。

⑧ 四年生に進級（　）する。

2 □に漢字を書きましょう。

① 体そう□《ふく》を持ち帰る。

② □□《しゃりょう》を軽くする。

③ 新しい□□《かぐ》を買う。

④ 水の□□《おんど》を下げる。

⑤ たなに□□《しょくぶつ》をかざる。

⑥ □《ぎん》メダルをもらう。

⑦ 山の□□《かみさま》をまつる。

⑧ □□《いしゃ》になりたいと思う。

⑨ □《みずうみ》でボートに乗る。

⑩ 近くの□□《くうこう》で写真をとる。

⑪ 本の□□《せかい》を楽しむ。

⑫ 店の前に長い□《れつ》ができる。

⑬ □《きし》の近くで遊ぶ。

⑭ おもちゃを□《ほう》り投げる。

答え 2ページ

付録　とりはずしてお使いください。

漢字おさらいドリル

前学年でならったかん字

3年生で習った漢字をふく習しましょう！

もくじ

4年　組

1 あ行の漢字 か行の漢字①

悪・安・暗・医・委・意・育・員・院・飲・運・泳・駅・央・横・屋・温・化・荷・界・開・階・寒・感・漢・館・岸・起

／100

1 ——線の漢字の読みがなを書こう。

一つ4点（40点）

① カメラ店の暗室。（　　）

② 飲食はきんしだ。（　　）

③ 強運の持ちぬし。（　　）

④ 化石が見つかる。（　　）

⑤ 荷下ろしをする。（　　）

⑥ 下界を見下ろす。（　　）

⑦ みんなに公開する。（　　）

⑧ 起きるのが早い。（　　）

⑨ 水曜は委員会がある。（　　）

⑩ 屋上から町をながめる。（　　）

テストによくでる1位《い》

2 □に合う漢字を書こう。

一つ2点（36点）

① □《に》□《かい》から目薬。

② □《かん》□《ちゅう》水泳を行う。

③ □《かい》□《がん》をさんぽする。

④ □《かわ》□《ぎし》に泳ぎつく。

3 次の——線を、漢字と送りがなで書こう。

一つ2点（24点）

① きょうは天気がわるい。（　　）

② やさいがやすい店。（　　）

③ くらいへやでねる。（　　）

④ 友だちに後をゆだねる。（　　）

⑤ すくすくとそだつ。（　　）

テストによくでる2位《い》

⑤ □□《いんちょう》に話を聞く。

⑥ □□《すいえい》はとくいだ。

⑦ □□《あくにん》とたたかう。

⑧ □□《いがく》の道をこころざす。

⑨ □□《いけん》をどんどん出す。

⑩ □□《はなや》でバラを買う。

⑪ □□《きょういく》によい本。

⑫ □□《えきまえ》でまちあわせる。

テストによくでる3位《い》

⑬ □□□《としょかん》をおとずれる。

⑭ □□《よこみち》にそれる。

⑮ □□《あんしん》して取り組む。

⑯ グラウンドの□□《ちゅうおう》。

⑰ よい行いに□□《かんしん》する。

⑱ □□《かんじ》の練習。

⑥ ジュースをのむ。（　　　）

⑦ トラックではこぶ。（　　　）

⑧ クロールでおよぐ。（　　　）

⑨ あたたかいスープをのむ。（　　　）

⑩ きつねがばけた人。（　　　）

⑪ ドアをひらく。（　　　）

⑫ さむい一日だった。（　　　）

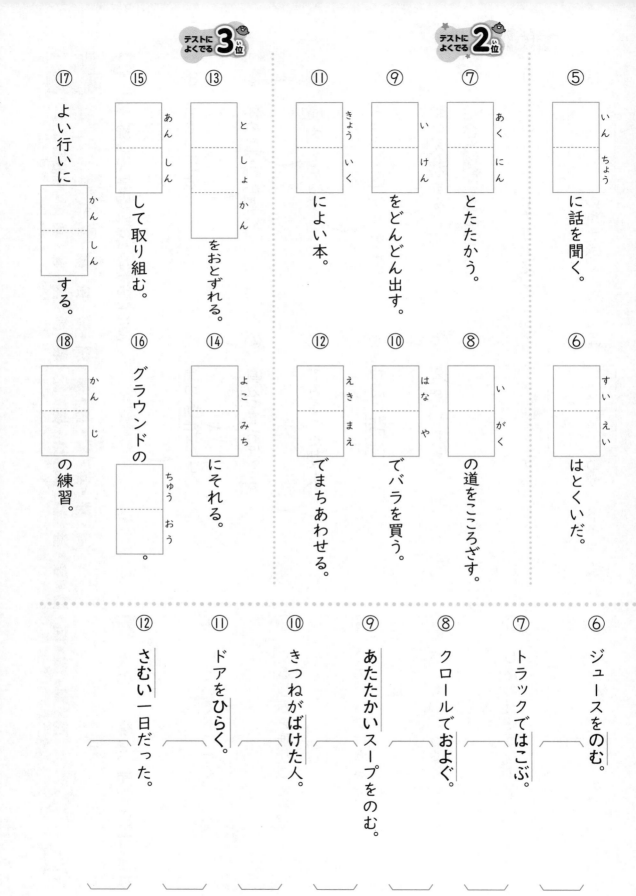

テストによくでる1位

2 か行の漢字②

期・客・究・急・級・宮・球・去・橋・業・曲・局・銀・区・苦・具・君
係・軽・血・決・研・県・庫・湖・向・幸・港

／100

1 ――線の漢字の読みがなを書こう。 一つ4点(40点)

① 美しい王宮。（　）
② 顔の血行がよい。（　）
③ 体の具合が悪い。（　）
④ 県名をおぼえる。（　）
⑤ 庫内を点検《けん》する。（　）
⑥ すみきった湖水。（　）
⑦ ちょうど区切りがよい。（　）
⑧ 仲間《なかま》に期待する。（　）
⑨ 船が入港する。（　）
⑩ 名君とよばれた王。（　）

2 □に合う漢字を書こう。 一つ2点(36点)

① □□《かかり いん》にたずねる。
② □□《きょ ねん》の冬。
③ □□《ぎん いろ》の魚が泳ぐ。
④ □□《けい しょく》のサンドイッチ。

3 次の――線を、漢字と送りがなで書こう。 一つ2点(24点)

① いそいで駅に行く。（　）
② くるしみを乗りこえる。（　）
③ このバッグはかるい。（　）
④ さいわい、うまくいった。（　）
⑤ しあわせそうなえがお。（　）

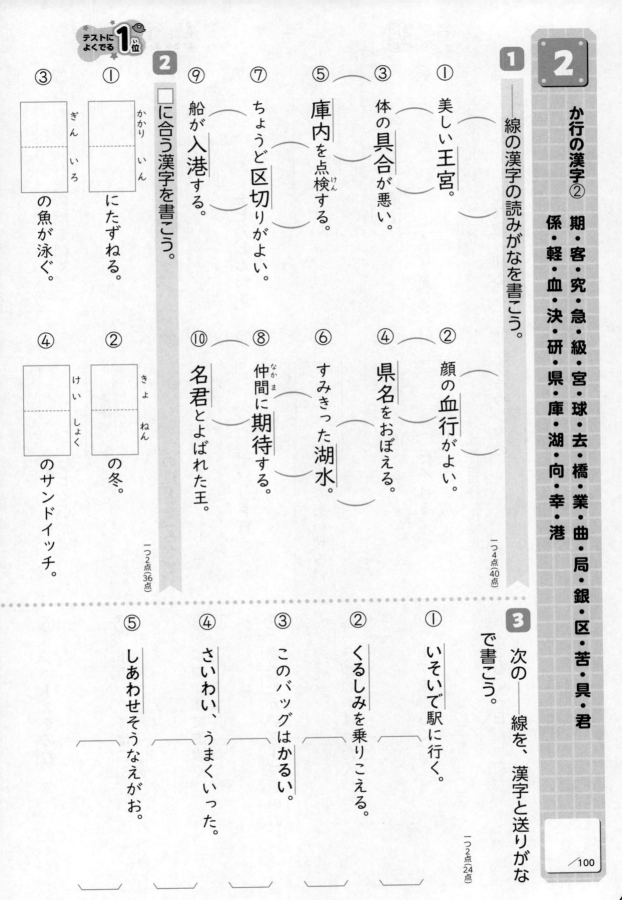

テストによくでる2位《い》

⑤ すばやく□□《さぎょう》を行う。

⑥ □□□《いちがっき》が終わる。

⑦ 古い□《みなと》町。

⑧ □□《やきゅう》のしあい。

⑨ □□《いしばし》をたたいてわたる。

⑩ お□《きゃく》さまの声を聞く。

⑪ 過《か》□《こ》をふりかえる。

⑫ □□《きょくせん》でできた絵。

テストによくでる3位《い》

⑬ □□《くしん》して作り上げる。

⑭ □□《こううん》なできごと。

⑮ テニスの□《たま》を打つ。

⑯ ねずみの□□《けんきゅう》。

⑰ 小学校の□□□《じょうきゅうせい》。

⑱ ゆうびん□《きょく》に行く。

---

⑥ その場所をさる。（　　）

⑦ どちらの道かをきめる。（　　）

⑧ にがい薬を飲む。（　　）

⑨ 東の方角をむく。（　　）

⑩ 右にまがると学校だ。（　　）

⑪ むこうから歩いてくる。（　　）

⑫ スプーンをまげる。（　　）

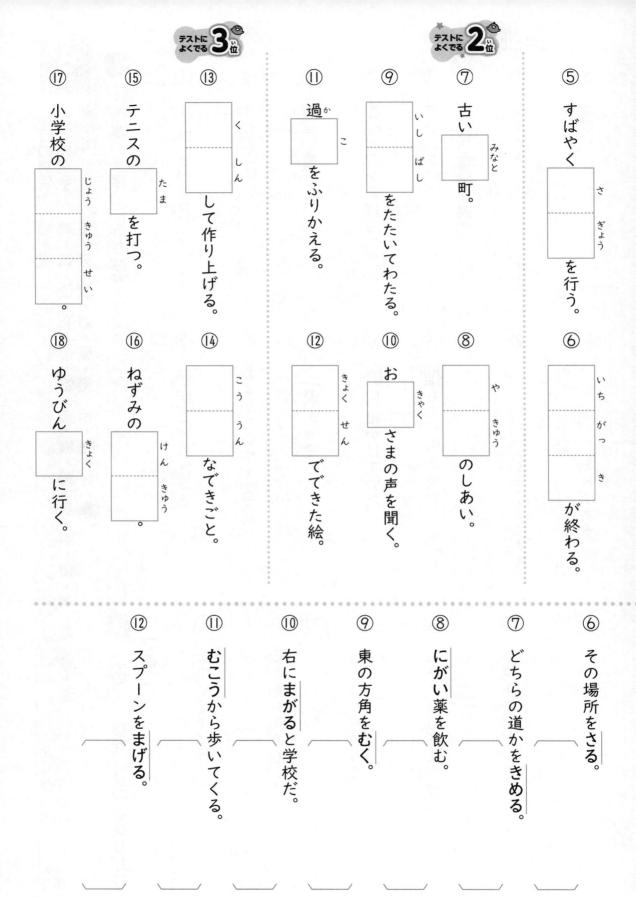

テストによくでる 1位《い》

3 か行の漢字③ さ行の漢字①

号・根・祭・皿・仕・死・使・始・指・歯・詩・次・事・持・式・実・写・者・主・守・取・酒・受・州・拾・終・習・集

／100

1 ―線の漢字の読みがなを書こう。 一つ4点(40点)

① 小皿に取り分ける。（　　）
② 親指ほどの大きさ。（　　）
③ 本の目次。（　　）
④ むずかしい字を習う。（　　）
⑤ 教室に集まる。（　　）
⑥ 主君の命令《れい》。（　　）
⑦ 先取点をあげる。（　　）
⑧ 終日出かけていた。（　　）
⑨ さいふを拾う。（　　）
⑩ 指もんがのこる。（　　）

2 □に合う漢字を書こう。 一つ2点(36点)

① ゴールを□《し》□《しゅ》する。
② □《し》□《か》でちりょうする。
③ 中学の□《ぶん》□《か》□《さい》。
④ □《こう》□《しき》をおぼえる。

3 次の―線を、漢字と送りがなで書こう。 一つ2点(24点)

① まつりを見に行く。（　　）
② 王に長年つかえる。（　　）
③ しぬほどおどろく。（　　）
④ はさみをうまくつかう。（　　）
⑤ テストをはじめる。（　　）

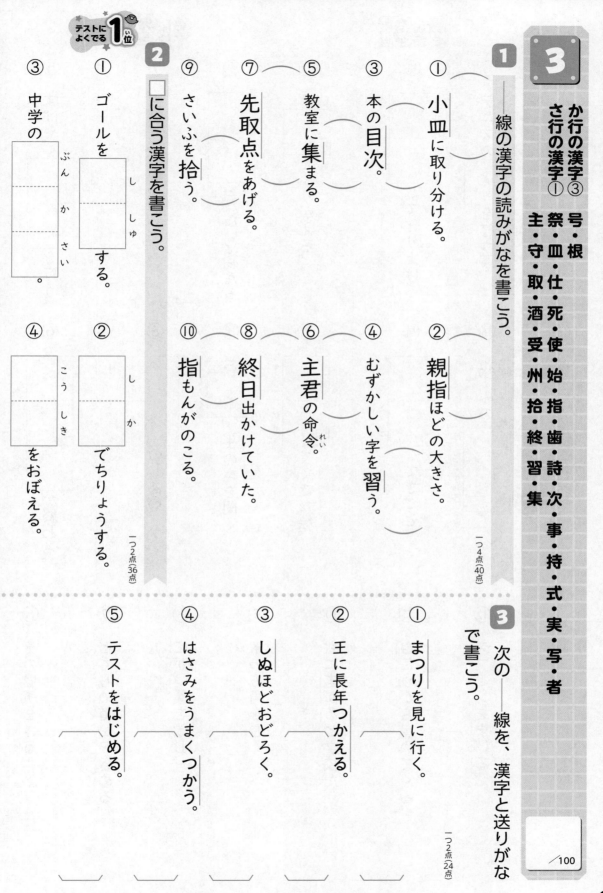

⑤ かんごしの□□《しごと》。

⑥ □□《じゅわ》器《き》をとる。

テストによくでる2位《い》

⑦ □□《きゅうしゅう》を旅行する。

⑧ □□《きごう》をつける。

⑨ □□《がくしゅう》をつづける。

⑩ □□《ねもと》にひりょうをやる。

⑪ □□《だいこん》を育てる。

⑫ □□《せいし》を分ける。

テストによくでる3位《い》

⑬ □□《かいし》の合図をする。

⑭ □□《てんし》のような人。

⑮ □□《いしゃ》にみてもらう。

⑯ 木の□《み》をかじる。

⑰ 図書館で□□《ししゅう》をかりる。

⑱ 日本《にほん》□《しゅ》を買う。

---

⑥ しょうぎを一局さす。（　　　）

⑦ 名人につぐうで前。（　　　）

⑧ 手にしっかりもつ。（　　　）

⑨ リンゴがみのる。（　　　）

⑩ ノートに文をうつす。（　　　）

⑪ 言いつけをまもる。（　　　）

⑫ えんぴつを手にとる。（　　　）

テストによくでる1位《い》

4 さ行の漢字②

住・重・宿・所・暑・助・昭・消・商・章・勝・乗・植・中・身・神・真・深・進・世・整・昔・全・相・送・想・息・速・族

／100

1 ――線の漢字の読みがなを書こう。

一つ4点〈40点〉

① 家族で遊びに行く。（　　）
② 体調を整える。（　　）
③ 台所のそうじをする。（　　）
④ 全くのぐうぜんだ。（　　）
⑤ 暑中みまいの手紙。（　　）
⑥ 消化を助ける食べもの。（　　）
⑦ 植物を育てる。（　　）
⑧ 文章であらわす。（　　）
⑨ 水深二十メートル（　　）
⑩ 話しの相手になる。（　　）

2 □に合う漢字を書こう。

一つ2点〈36点〉

① □□《じょうしゃ》マナーを守る。
② □□《せいり》された本だな。
③ 曲に合わせて□□《こうしん》する。
④ □□《せかい》をまたにかける。

3 次の――線を、漢字と送りがなで書こう。

一つ2点〈24点〉

① 同じ家にすむ。（　　）
② おもいかばんを持つ。（　　）
③ 新しい命がやどる。（　　）
④ あつい一日だった。（　　）
⑤ あぶないところでたすかる。（　　）

⑤ □□《みぢか》な人にきく。

⑥ □□《じんじゃ》におまいりする。

テストによくでる2位《い》

⑦ □□《じゅうしょ》をたずねる。

⑧ 木の□□《まよこ》に立つ。

⑨ □□《じゅうだい》な仕事をまかされる。

⑩ □□《うんそう》用のトラック。

⑪ □□《じょしゅ》と研究をする。

⑫ 本の□□《かんそう》を話し合う。

テストによくでる3位《い》

⑬ □□《しょうばい》がうまくいく。

⑭ 車の□□《じそく》をはかる。

⑮ □《しょう》和うまれの父。

⑯ おばあちゃんの□□《むかしばなし》。

⑰ □《かみ》だのみをする。

⑱ 大きなため□《いき》をつく。

---

⑥ 遠くの明かりが**きえる**。（　　）

⑦ どうにか**かつ**ことができた。（　　）

⑧ タクシーに**のる**。（　　）

⑨ どんぐりの木を**うえる**。（　　）

⑩ おわびを**もうし**あげる。（　　）

⑪ **ふかい**海にもぐる。（　　）

⑫ じゅんちょうに**すすむ**。（　　）

テストによくでる1位《い》

5 た行の漢字①

他・打・対・待・代・第・題・炭・短・談・着・注・柱・丁
帳・調・追・定・庭・笛・鉄・転・都・度・投・豆・島

／100

1 ——線の漢字の読みがなを書こう。

一つ4点(40点)

① 他者のことを考える。（　　）
② 犯《はん》人を追走する。（　　）
③ 打球のゆくえ。（　　）
④ 遠くの汽笛が聞こえる。（　　）
⑤ 木炭に火をつける。（　　）
⑥ 都合のいい話。（　　）
⑦ この家の大黒柱。（　　）
⑧ 大豆からみそを作る。（　　）
⑨ 一丁目に住む。（　　）
⑩ 紀《き》伊《い》半島を旅する。（　　）

2 □に合う漢字を書こう。

一つ2点(36点)

① □《き》□《たい》がふくらむ。
② □《あん》□《てい》した仕事につく。
③ 当番を□《こう》□《たい》する。
④ 新しい□《てつ》□《どう》。

3 次の——線を、漢字と送りがなで書こう。

一つ2点(24点)

① 心をうつ話。（　　）
② 友だちが来るのをまつ。（　　）
③ お金のかわりに使う。（　　）
④ みじかい文章で書く。（　　）
⑤ 白いセーターをきる。（　　）

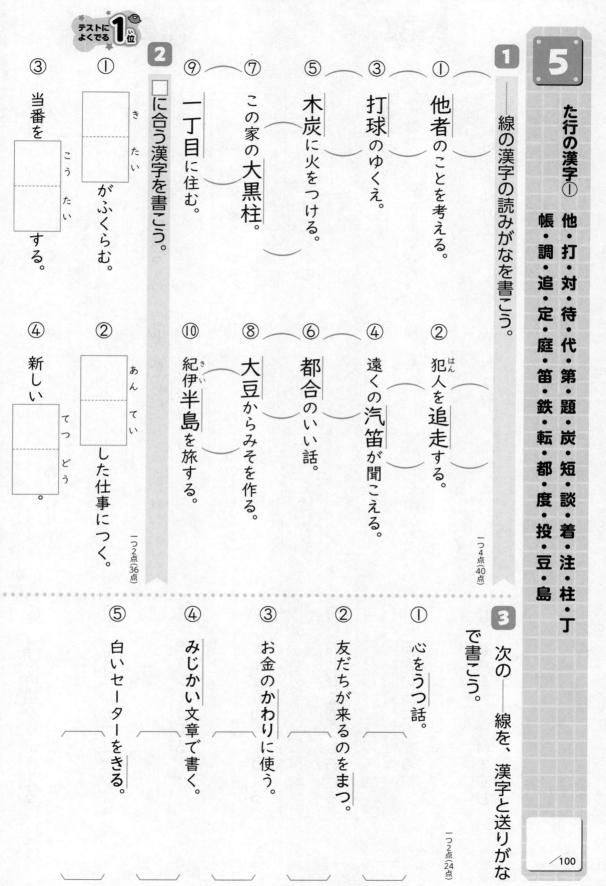

⑤ ぼうしを□□《ちゃくよう》する。

⑥ ひかえの□□《とうしゅ》。

テストによくでる2位《い》

⑦ □《ほか》の道をさがす。

⑧ 父はとても□□《たんき》だ。

⑨ てきと□《たい》立《りつ》する。

⑩ 先生に□□《そうだん》する。

⑪ 安全が□□《だいいち》だ。

⑫ □□《よこぶえ》の音色。

テストによくでる3位《い》

⑬ □□《しゅくだい》をやり終える。

⑭ □□《くろまめ》をにる。

⑮ □□《ちゅうい》してかんさつする。

⑯ □□《ていえん》の手入れをする。

⑰ □□□《にっきちょう》に書く。

⑱ □□《なんど》もやってみる。

---

⑥ 小学校につく。（　　　）

⑦ コップに水をそそぐ。（　　　）

⑧ 読み方をしらべる。（　　　）

⑨ 虫を目でおう。（　　　）

⑩ ねらいをさだめる。（　　　）

⑪ ボールがころがる。（　　　）

⑫ かた手でなげる。（　　　）

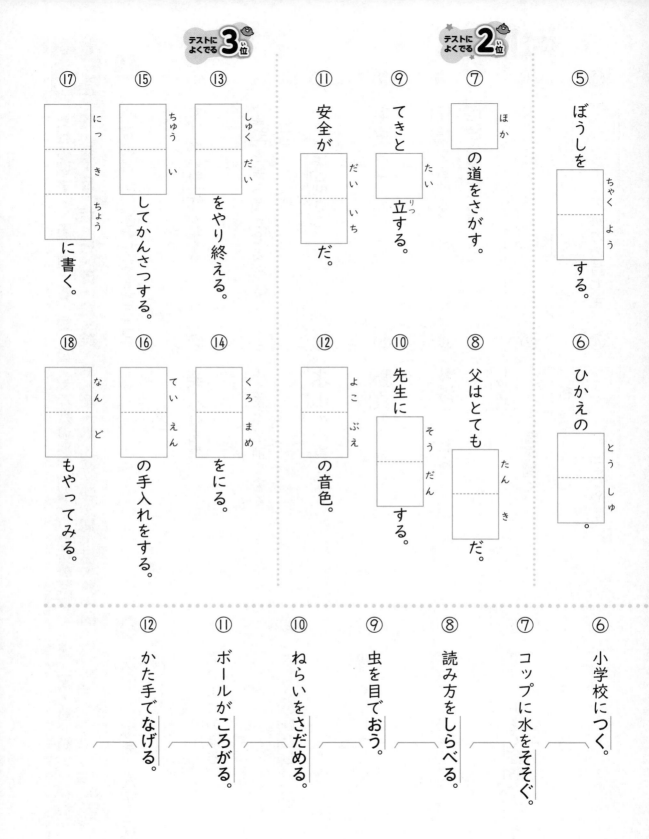

テストによくでる1位《い》

6 た行の漢字② 湯・登・等・動・童 な行の漢字 農 は行の漢字① 波・配・倍・箱・畑・発・反・坂・板・皮・悲・美・鼻・筆・氷・表・秒・病・品・負・部

／100

1 ―線の漢字の読みがなを書こう。

一つ4点(40点)

① すばやい動作をする。（　　）

② 美人の先生。（　　）

③ 童話を読み聞かせる。（　　）

④ 小筆で名前を書く。（　　）

⑤ わかい板前さん。（　　）

⑥ 氷山の一角だ。（　　）

⑦ 毛皮のコート。（　　）

⑧ 勝負の決着。（　　）

⑨ 悲鳴をあげる。（　　）

⑩ 熱《ねっ》湯を入れる。（　　）

2 □に合う漢字を書こう。

一つ2点(36点)

① 父のしゅみは□□《とざん》だ。

② □《なみ》の音を聞く。

③ □□《どうとう》の実力の持ち主。

④ □□《こおりみず》でひやす。

3 次の―線を、漢字と送りがなで書こう。

一つ2点(24点)

① 高い山にのぼる。（　　）

② 大きさがひとしい。（　　）

③ ゆっくりとうごく。（　　）

④ うでを大きくうごかす。（　　）

⑤ プリントをくばる。（　　）

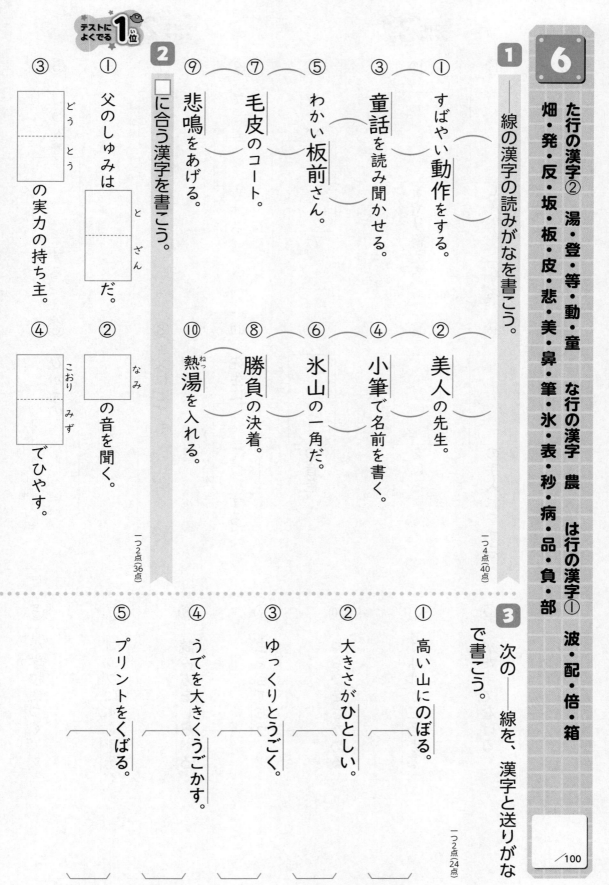

⑤ □□《のうか》ではたらく。

⑥ □□《いちびょう》の差《さ》で勝った。

テストによくでる2位

⑦ 電球を□□《はつめい》する。

⑧ □□《ずひょう》をそえる。

⑨ まわりの□□《はんたい》をおしきる。

⑩ 大きな□□《びょういん》。

⑪ □《ゆ》飲みでお茶を飲む。

⑫ □□《ぶひん》をならべる。

テストによくでる3位

⑬ □□《しんぱい》はいらない。

⑭ □□□《はたけしごと》をする。

⑮ □□《にばい》の大きさがある。

⑯ □□《さかみち》を上る。

⑰ □□《おおばこ》にりんごをつめる。

⑱ □□《はなみず》が出てくる。

---

⑥ せなかを**そらす**。（　　）

⑦ **かなしい**できごと。（　　）

⑧ **うつくしい**思い出。（　　）

⑨ 絵で喜《よろこ》びを**あらわす**。（　　）

⑩ 気持ちが顔に**あらわれる**。（　　）

⑪ 空手のしあいに**まける**。（　　）

⑫ 深いきずを**おう**。（　　）

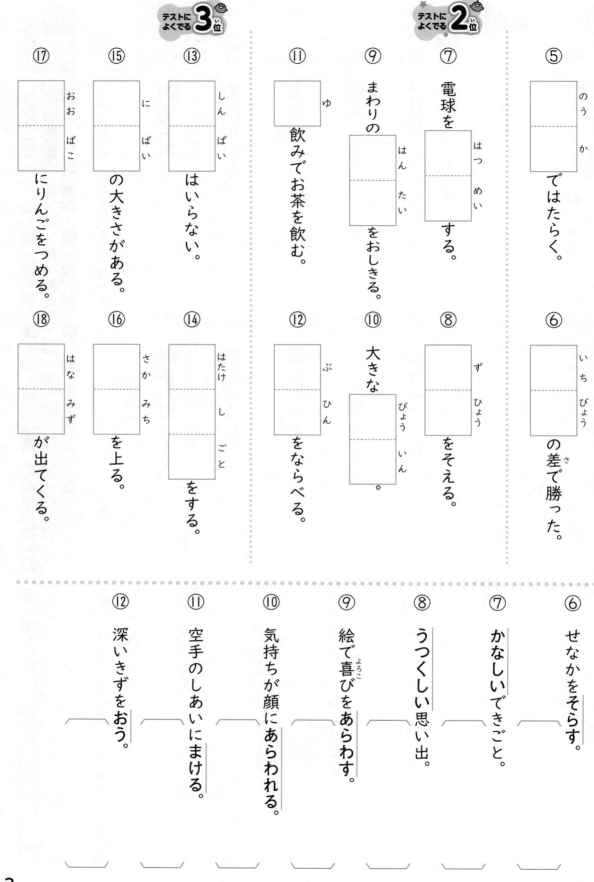

テストによくでる1位《い》

7 は行の漢字②　服・福・物・平・返・勉・放　ま行の漢字　味・命・面・問
や行の漢字　役・薬・由・油・有・遊・予・羊・洋・葉・陽・様
ら行・わ行の漢字　落・流・旅・両・緑・礼・列・練・路・和

／100

1 ―線の漢字の読みがなを書こう。

一つ4点(40点)

① 物語を読む。（　　）

② 返事が聞こえる。（　　）

③ 表面がかわく。（　　）

④ 様子をうかがう。（　　）

⑤ 薬局ではたらく。（　　）

⑥ 流氷をかんさつする。（　　）

⑦ 油田のある国。（　　）

⑧ 長い行列ができる。（　　）

⑨ きれいな洋服を買う。（　　）

⑩ 和食がすきだ。（　　）

2 □に合う漢字を書こう。

一つ2点(36点)

① 水を□□《ほうしゅつ》する。

② □□《らっか》物に注意する。

③ □□《もんだい》に取り組む。

④ 日本中を□□《りょこう》する。

3 次の―線を、漢字と送りがなで書こう。

一つ2点(24点)

① 地面をたいらにならす。（　　）

② 図書館に本をかえす。（　　）

③ つないだ手をはなす。（　　）

④ ボールを空にほうる。（　　）

⑤ じっくりとあじわう。（　　）

⑤ ふわふわの□《よう》毛《もう》。

⑥ □《みどり》□《いろ》の屋根の家。

テストによくでる2位《い》

⑦ □《こう》□《ふく》な一生を送る。

⑧ □《り》□《ゆう》を聞かれる。

⑨ □《へい》□《わ》を願《ねが》う。

⑩ □《どう》□《ろ》のはしを歩く。

⑪ 算数の□《べん》□《きょう》。

⑫ □《たい》□《よう》がまぶしい。

テストによくでる3位《い》

⑬ 大切な□《せい》□《めい》。

⑭ 日本の□《こと》□《ば》で話す。

⑮ □《やく》□《め》をはたす。

⑯ □《りょう》□《あし》でしっかり立つ。

⑰ □《よ》□《てい》をたしかめる。

⑱ ていねいにお□《れい》を言う。

---

⑥ 広く意見を<u>とう</u>。（　　）

⑦ <u>ある</u>無《な》しで考える。（　　）

⑧ 小さい子どもと<u>あそぶ</u>。（　　）

⑨ りんごが木から<u>おちる</u>。（　　）

⑩ よごれを<u>おとす</u>。（　　）

⑪ 川の水が<u>ながれる</u>。（　　）

⑫ 文章をよく<u>ねる</u>。（　　）

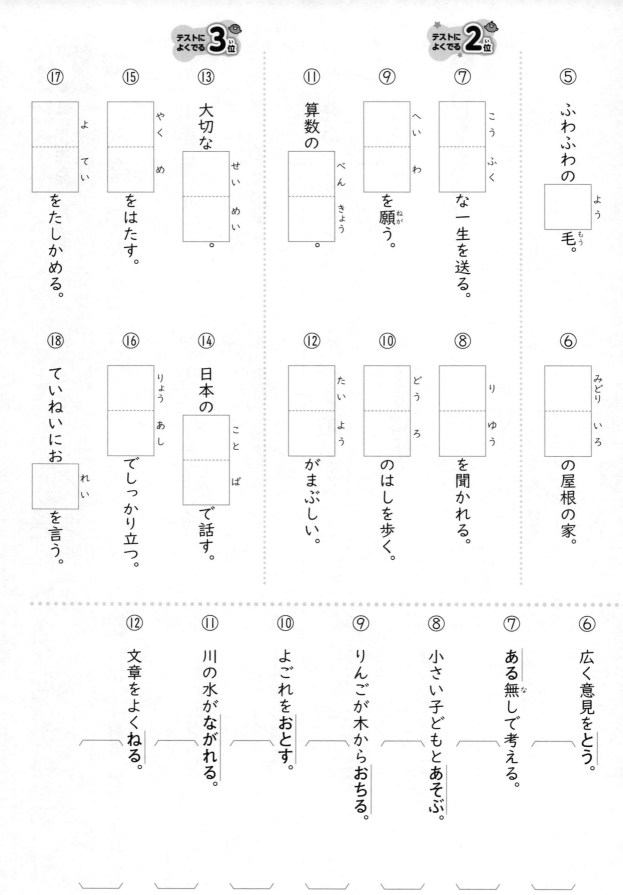

8 三年生で習った漢字

/100

1 ――線の漢字の読みがなを書こう。 一つ2点(16点)

① 川岸（　　）にたどりつく。

② 苦心（　　）して作り上げる。

③ ぼうしを着用（　　）する。

④ 黒豆（　　）を調理する。

⑤ 登山（　　）をしゅみにする。

⑥ 一位を死守（　　）する。

⑦ 天使（　　）のような人。

⑧ 水を放出（　　）する。

2 □に合う漢字を書こう。 一つ3点(24点)

① 本の□《もくじ》を見る。

② □《かせき》を見つける。

4 次の――線を、漢字と送りがなで書こう。 一つ4点(40点)

① しずかにうごく。（　　）

② みんなにくばる。（　　）

③ うつくしい字を書く。（　　）

④ せなかを後ろにそらす。（　　）

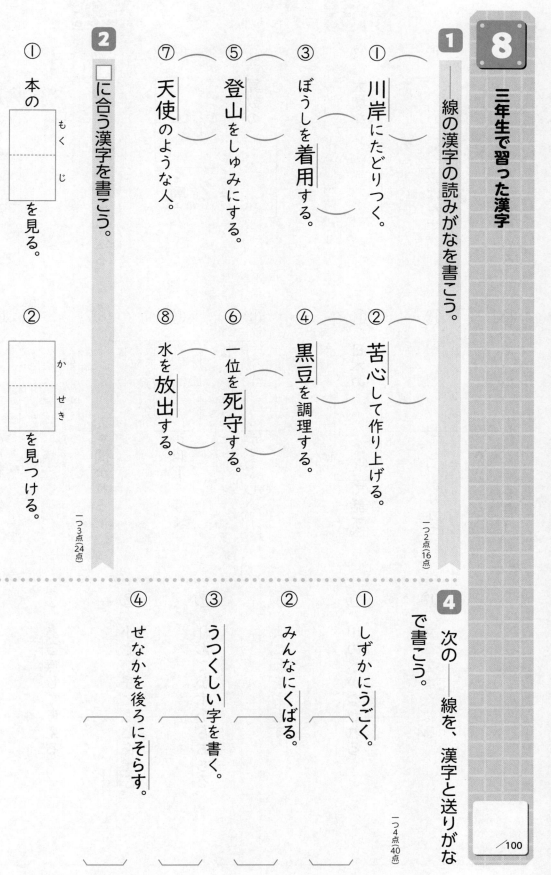

③ 早く［　］《お》きる。

④ ［　　］《けんきゅう》を重ねる。

⑤ ［　　］《しょうぶ》をいどむ。

⑥ 相手の［　　］《つごう》を聞く。

⑦ ［　　］《どうわ》を読む。

⑧ もうけを［　　］《びょうどう》に分ける。

3 次の□にあてはまる、同じへんやつくりを□に書こう。

一つ5点（20点）

① □吾　□舌　□周　→［　］

② □反　□主　□羕　→［　］

③ 重□　且□　→［　］

④ 豆□　彦□　→［　］

⑤ 元気いっぱいにそだつ。（　　）

⑥ わるい知らせがとどく。（　　）

⑦ 車で荷物をはこぶ。（　　）

⑧ あたたかいスープを飲む。（　　）

⑨ むこうから飛《と》んでくる。（　　）

⑩ まつりを楽しむ。（　　）

答え

1 2・3ページ

1
①あんしつ ②いんしょく
③きょううん ④かせき
⑤におお ⑥げかい
⑦こうかい ⑧お
⑨いいん ⑩おくじょう

2
①二階 ②寒中 ③海岸 ④川岸
⑤院長 ⑥水泳 ⑦悪人 ⑧医学
⑨意見 ⑩花屋 ⑪教育 ⑫駅前
⑬図書館 ⑭横道 ⑮安心 ⑯中央
⑰感心 ⑱漢字

3
①悪い ②安い ③暗い ④委ねる
⑤育つ ⑥飲む ⑦運ぶ ⑧泳ぐ
⑨温かい ⑩化けた ⑪開く ⑫寒い

2 4・5ページ

1
①おうきゅう ②けっこう
③ぐあい ④けんめい
⑤こない ⑥こすい
⑦くぎ ⑧きたい
⑨にゅうこう ⑩めいくん

2
①係員 ②去年 ③銀色 ④軽食
⑤作業 ⑥一学期 ⑦港 ⑧野球
⑨石橋 ⑩客 ⑪去 ⑫曲線
⑬苦心 ⑭幸運 ⑮球 ⑯研究
⑰上級生 ⑱局

3
①急いで ②苦しみ ③軽い ④幸い
⑤幸せ ⑥去る ⑦決める ⑧苦い
⑨向く ⑩曲がる ⑪向こう ⑫曲げる

3 6・7ページ

1
①こざら ②おやゆび
③もくじ ④なら
⑤あつ ⑥しゅくん
⑦せんしゅてん ⑧しゅうじつ
⑨ひろ ⑩し

2
①死守 ②歯科 ③文化祭 ④公式
⑤仕事 ⑥受話 ⑦九州 ⑧記号
⑨学習 ⑩根元(本) ⑪大根 ⑫生死
⑬開始 ⑭天使 ⑮医者 ⑯実
⑰詩集 ⑱酒

3
①祭り ②仕える ③死ぬ ④使う
⑤始める ⑥指す ⑦次ぐ ⑧持つ
⑨実る ⑩写す ⑪守る ⑫取る

4 8・9ページ

1
①かぞく ②ととの
③だいどころ ④まった
⑤しょちゅう ⑥しょうか
⑦しょくぶつ ⑧ぶんしょう
⑨すいしん ⑩あいて

2
①乗車 ②整理 ③行進 ④世界
⑤身近 ⑥神社 ⑦住所 ⑧真横
⑨重大 ⑩運送 ⑪助手 ⑫感想
⑬商売 ⑭時速 ⑮昭 ⑯昔話
⑰神 ⑱息

3
①住む ②重い ③宿る ④暑い
⑤助かる ⑥消える ⑦勝つ ⑧乗る
⑨植える ⑩申し ⑪深い ⑫進む

5 10・11ページ

1
①たしゃ ②ついそう
③だきゅう ④きてき
⑤もくたん ⑥つごう
⑦だいこくばしら ⑧だいず
⑨いっちょうめ ⑩はんとう

2
①期待 ②安定 ③交代 ④鉄道

月　日

ふくしゅう

三年生で習った漢字④

1 ——線の漢字の読みがなを書きましょう。

① 幸せな人生をねがう。（　　）
② 父は昭和生まれだ。（　　）
③ 安全を第一に考える。（　　）
④ 福わらいで遊ぶ。（　　）
⑤ クイズで一等になる。（　　）
⑥ 予定通りに出発する。（　　）
⑦ 古代の王宮を見学する。（　　）
⑧ 去年のことを思い出す。（　　）

2 □に漢字を書きましょう。

① □《かな》しい気持ちを話す。
② □□《しょうひん》を買う。
③ 友だちが□□《てんこう》する。
④ 犬を□《お》いかける。
⑤ □□《こうてい》でドッジボールをする。
⑥ □□《りょかん》のおかみさんと話す。
⑦ 長い□《かい》だんを上る。

⑧ □《おも》いふくろを運ぶ。
⑨ 先生にお□《れい》を言う。
⑩ □《ま》ち合わせ場所を決める。
⑪ わずか□□《すうびょう》の時間。
⑫ かぜをひいて□□《びょういん》に行く。
⑬ □《ふえ》をふいて知らせる。
⑭ □《なみ》がおだやかな日。

答え 2ページ

月　日

ぴったり1 じゅんび

こわれた千の楽器《き》
漢字を使おう1

教科書 上16〜27ページ

新しく学習する漢字

器 倉 巣 覚 働 失 包 例 案
続 変 伝 借 求 録 努 然

教科書上18ページ

器

つき出す　長く

キ
◆うつわ

使い方
夕食《ゆうしょく》の食器《しょっき》をかたづける。
はさみを器用《きよう》に使《つか》う。
好《す》きな楽器《がっき》を持《も》つ。

反対の意味の言葉
器用《きよう》
不器用《ぶきよう》

15画　口《くち》

教科書上18ページ

倉

つける　横に出さない

ソウ
くら

使い方
倉庫《そうこ》にマットをしまう。
日本《にっぽん》の穀倉地帯《こくそうちたい》。
米《こめ》を倉《くら》にたくわえる。

熟語《じゅくご》の成《な》り立ち
「倉庫《そうこ》」は、にた意味の漢字を組み合わせた熟語です。

10画　𠆢《ひとやね》

教科書上18ページ

巣

向きに注意　一画で書く

す
◆ソウ

使い方
鳥《とり》の巣箱《すばこ》を木《き》に取《と》り付《つ》ける。
クモが巣《す》をはる。
空《あ》き巣《す》に入《はい》られないようにする。

形のにた漢字

鳥の巣《す》
単位《たんい》

11画　⺍《つかんむり》

教科書上18ページ

覚

向きに注意　はらう　「日」にしない　上にはねる

カク
おぼえる
さます
さめる

使い方
指先《ゆびさき》の感覚《かんかく》がなくなる。
見覚《みおぼ》えのある道《みち》を通《とお》る。
朝早《あさはや》く目《め》を覚《さ》ます。

部首

12画　見《みる》

教科書上18ページ

働

とめる　はねる

ドウ
はたらく

使い方
労働時間《ろうどうじかん》が長《なが》くなる。
母《はは》は働《はたら》き者《もの》だ。
風車《ふうしゃ》の働《はたら》きを調《しら》べる。

送りがな
働
ら
く

13画　亻《にんべん》

月　　日

教科書上 19ページ

失

シツ
うしなう

つき出す　下を長く　はらう

使い方

失礼《しつれい》な態度《たいど》におこる。
失敗《しっぱい》は成功《せいこう》のもと。
信用《しんよう》を失《うしな》う。

送りがな

大《だい》
5画

教科書上 19ページ

包

ホウ
つつむ

あける　はねる

使い方

包丁《ほうちょう》でとうふを切《き》る。
プレゼントを包《ほう》そうする。
おかしの箱《はこ》を布《ぬの》で包《つつ》む。

いろいろな読み方

包丁《ほうちょう》をふろしきで包《つつ》む。

包 つつみがまえ
5画

教科書上 20ページ

例

レイ
たとえる

とめる　はねる

使い方

前例《ぜんれい》のない事件《じけん》が起《お》こる。
算数《さんすう》の例題《れいだい》をとく。
例《たと》えば母《はは》のようになりたい。

形のにた漢字

例《れい》を見せる。
整列

例 にんべん
8画

教科書上 21ページ

案

アン

少し出す　長く　はらう　とめる

使い方

道《みち》を案内《あんない》する。
名案《めいあん》がうかぶ。
案外《あんがい》むずかしくなかった。

部首

木 き
10画

教科書上 22ページ

続

ゾク
つづく
つづける

つけない　上を長く　とめる　はねる

使い方

インターネットに接続《せつぞく》する。
本《ほん》の続《つづ》きが気《き》になる。
夜中《よなか》まで話《はな》し続《つづ》ける。

形のにた漢字

続《つづ》き
読む

続 いとへん
13画

教科書上 24ページ

変

ヘン
かわる
かえる

つける　とめる　はねる

使い方

季節《きせつ》の変化《へんか》を体《からだ》で感《かん》じる。
空《そら》の色《いろ》が変《か》わる。
進《すす》む方向《ほうこう》を変《か》える。

いろいろな読み方

天気が急変《きゅうへん》し、
雲の形が変《か》わる。

夂 すいにょう ふゆがしら
9画

月　日

教科書上25ページ

伝

長く　とめる

デン
つたわる
つたえる
つたう

使い方

先生《せんせい》から伝言《でんごん》をあずかる。
中国《ちゅうごく》から伝《つた》わった文字《もじ》。
友達《ともだち》に話《はなし》を伝《つた》える。

伝　にんべん　6画

いろいろな読み方

代々伝《つた》わる味を伝授《でんじゅ》する。

教科書上27ページ

借

下を長く　とめる

シャク
かりる

使い方

借地《しゃくち》に家《いえ》を建《た》てる。
銀行《ぎんこう》から借金《しゃっきん》をする。
友達《ともだち》の知《ち》えを借《か》りる。

借　にんべん　10画

反対の意味の言葉

借《か》りる
貸《か》す

教科書上27ページ

求

わすれない　はねる

キュウ
もとめる

使い方

多《おお》くのことは要求《ようきゅう》しない。
求人広告《きゅうじんこうこく》を見《み》る。
助《たす》けを求《もと》めて声《こえ》を上《あ》げる。

氺　みず　7画

字の形に注意

求

「フ」ではないよ。

教科書上27ページ

録

「水」にしない

ロク

使い方

付録《ふろく》がついた本《ほん》。
水泳《すいえい》の記録会《きろくかい》に参加《さんか》する。
録画《ろくが》したドラマを見《み》る。

金　かねへん　16画

形のにた漢字

録画《ろくが》
緑地

教科書上27ページ

努

はらう　はねる

ド
つとめる

使い方

努力《どりょく》して成功《せいこう》する。
父《ちち》は本当《ほんとう》に努力家《どりょくか》である。
努《つと》めて明《あか》るくふるまう。

力　ちから　7画

筆じゅん

1～5画目をしっかり覚えよう。

教科書上27ページ

然

わすれない　「夕」にしない　向きに注意

ゼン
ネン

使い方

自然《しぜん》と共《とも》に生《い》きる。
妹《いもうと》にやさしくするのは当然《とうぜん》だ。
天然記念物《てんねんきねんぶつ》に指定《してい》される。

灬　れっか　れんが　12画

反対の意味の言葉

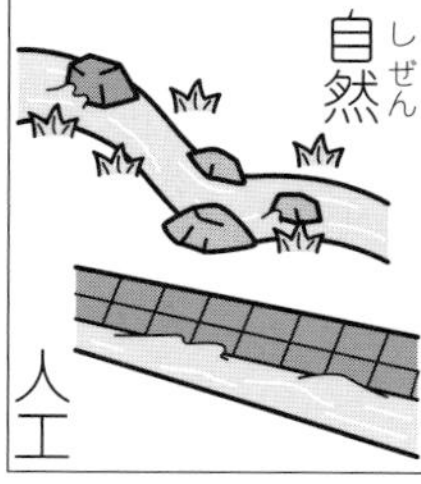

自然《しぜん》
人工

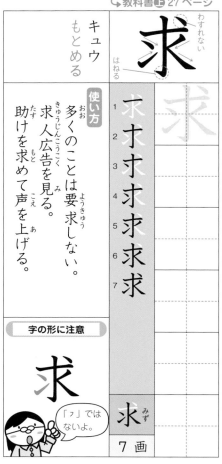

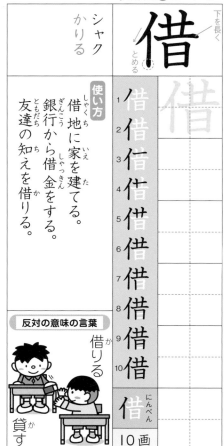

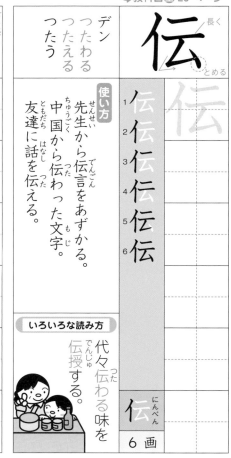

月　　日

読み方が新しい漢字

漢字	読み方	使い方	前に出た読み方
直	ただちに	直《ただ》ちに行《おこな》う	直線《ちょくせん》 直《なお》す 直《なお》る
立	リツ	全員《ぜんいん》で起立《きりつ》する	立《た》つ 立《た》てる
自	みずから	自《みずか》ら行動《こうどう》する	自然《しぜん》 自分《じぶん》

漢字クイズ1

答え15ページ

☆次の文で送りがなが正しいのはどちらでしょう。正しいほうに○をつけましょう。

① 目を（　）覚ます。（　）覚す。

② 会社で（　）働く。（　）働らく。

③ チャンスを（　）失なう。（　）失う。

④ 明日の時間わりが（　）変った。（　）変わった。

ぴったり2 練習

こわれた千の楽器《き》／漢字を使おう1

月　　日

1 ——線の漢字の読みがなを書きましょう。

① 兄は手先が**器用**だ。（　　）

② ハチの**巣箱**を木の下に置《お》く。（　　）

③ 夜中に目を**覚**ます。（　　）

④ **失言**したことをあやまる。（　　）

⑤ 動物に**例**える。（　　）

⑥ 雨がふり**続**く。（　　）

⑦ **録音**したデータを聞く。（　　）

⑧ **自**ら名前を記す。（　　）

2 □に漢字を書きましょう。

① のき下にツバメの□《す》がある。

② 兄は東京で□《はたら》くことになった。

③ チャンスを□《うしな》う。

④ □□《れいだい》を参考《さん》にする。

⑤ 話し合いで□《あん》を出す。

⑥ エジソンの□□《でんき》を読む。

⑦ まほうの力で□□《へんしん》する。

⑧ 友だちにペンを□《か》りる。

⑨ 理想の美を□□《ついきゅう》する。

⑩ 手紙で思いを□《つた》える。

⑪ 話し合いの□□□《きろくがかり》。

⑫ □□《どりょく》が実をむすぶ。

⑬ だれもが□□《とうぜん》のように知る。

⑭ □□《ちゅうりつ》の立場で見守る。

教科書 上16～27ページ
答え 3ページ

月　日

ぴったり2 練習

こわれた千の楽器《き》／漢字を使おう1

1 ——線の漢字の読みがなを書きましょう。

① とび箱を体育倉庫にしまう。（　　）

② あらたな事実が発覚する。（　　）

③ データが消失する。（　　）

④ 代案を考える。（　　）

⑤ けが人が続出する。（　　）

⑥ 借金を返す。（　　）

⑦ 気温の変化がはげしい。（　　）

⑧ 努めて失敗《ぱい》がないようにする。（　　）

2 □に漢字を書きましょう。

① □□□《しょうかき》の使い方を学ぶ。

② ノートに書いて□《おぼ》える。

③ よりよい労《ろう》□《どう》かんきょう。

④ 持ち物をふろしきで□《つつ》む。

⑤ □□□《ぐたいれい》を出す。

⑥ 地区の□□□□《あんないず》を見る。

⑦ 努力し□《つづ》ける。

⑧ いそがしいので予定を□《か》える。

⑨ 父の思いが□《つた》わる。

⑩ 母に□《ただ》ちにれんらくする。

⑪ 真実を追い□《もと》める。

⑫ テレビ番組を□□《ろくが》する。

⑬ □《みずか》ら申し出る。

⑭ □□《てんねん》の温泉《せん》がわく。

教科書 上16～27ページ
答え 3ページ

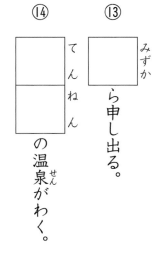

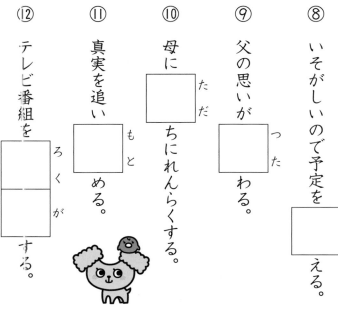

月　日

ぴったり1 じゅんび

図書館へ行こう　話を聞いて質問《しつ》しよう

教科書　上28〜37ページ

新しく学習する漢字

類　法　料　別　参　加　芽　司

教科書上28ページ

類

ルイ
たぐい

（とめる・とめる）

使い方

いくつかの種類《しゅるい》に分《わ》ける。
たくさんの書類《しょるい》をかたづける。
かれは類《たぐ》いまれな天才《てんさい》だ。

部首

「米・大」ではないので、気をつけよう。

類（おおがい）

18画

教科書上28ページ

法

ホウ
◆ハッ
◆ホッ

（下を長く・向きに注意・とめる）

使い方

学校《がっこう》で法律《ほうりつ》を学《まな》ぶ。
良《よ》い方法《ほうほう》を考《かんが》える。
新《あたら》しい手法《しゅほう》で作《つく》られる。

使い方

法事《ほうじ》での作法《さほう》を教えてもらう。

法（さんずい）

8画

教科書上28ページ

料

リョウ

（向きに注意・とめる）

使い方

家《いえ》で料理《りょうり》を手伝《てつだ》う。
バスの料金《りょうきん》をはらう。
大豆《だいず》はみその原料《げんりょう》となる。

形のにた漢字

理科
料

肥料

肥料《ひりょう》

料（とます）

10画

教科書上34ページ

別

ベツ
わかれる

（出さない・とめる・はねる）

使い方

かみを切《き》って別人《べつじん》のようになる。
たん生日《じょうび》は特別《とくべつ》な日《ひ》だ。
夕方《ゆうがた》に友達《ともだち》と別《わか》れる。

反対の意味の言葉

別《わか》れる

会う

別（りっとう）

7画

教科書上35ページ

参

サン
まいる

（向きと長さに注意・はらう）

使い方

友達《ともだち》の意見《いけん》を参考《さんこう》にする。
母《はは》が授業参観《じゅぎょうさんかん》に来《く》る。
お宮参《みやまい》りに行《い》く。

字の形に注意

参

「ミ」と書かないようにね。

参（む）

8画

月　日

教科書上 35ページ

加

カ
くわえる
くわわる

へんより小さく　はねる

使い方

イチゴを加工《かこう》してジャムにする。
一《いち》に五《ご》を加《くわ》える。
遊《あそ》び仲間《なかま》に加《くわ》わる。

力《ちから》　5画

反対の意味の言葉

加速《かそく》
減速《げんそく》

教科書上 35ページ

芽

ガ
め

出す　はねる

使い方

発芽《はつが》の様子《ようす》を観察《かんさつ》する。
木々《きぎ》が芽《め》を出《だ》す春《はる》。
なかなか芽《め》が出《で》ない画家《がか》。

艹（くさかんむり）　8画

言葉の意味

芽《め》が出《で》る
世間に仕事などがみとめられ始める。

教科書上 37ページ

司

シ

わすれない　はねる

使い方

テレビ番組《ばんぐみ》の司会者《しかいしゃ》。
上司《じょうし》に報告《ほうこく》する。
すもうの行司《ぎょうじ》をする。

口《くち》　5画

形のにた漢字

司会《しかい》
同点

漢字クイズ2

☆漢字の総《そう》画数が同じ漢字に○をつけましょう。

答え15ページ

①類　（　）談　（　）館　（　）顔

②料　（　）起　（　）陽　（　）秋

③別　（　）医　（　）巣　（　）味

④参　（　）県　（　）法　（　）科

画数の合計を総画数というよ。

じっさいに書いて考えてみよう。

書き順《じゅん》にも気をつけて書けたかな。

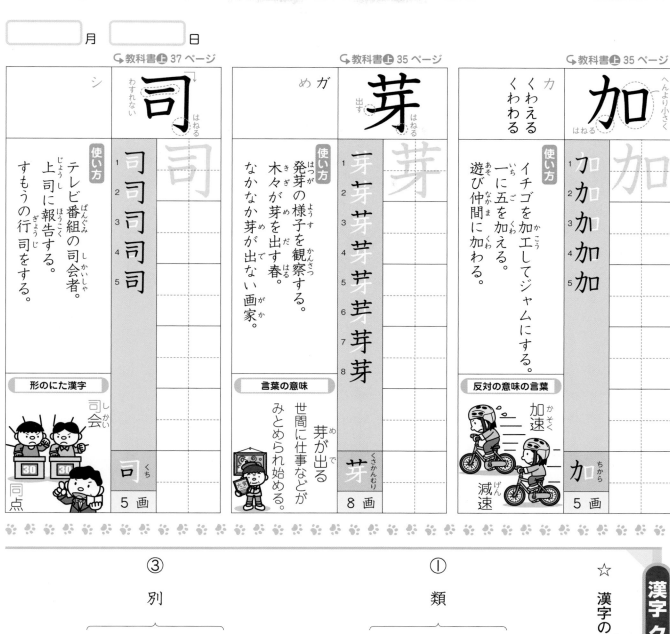

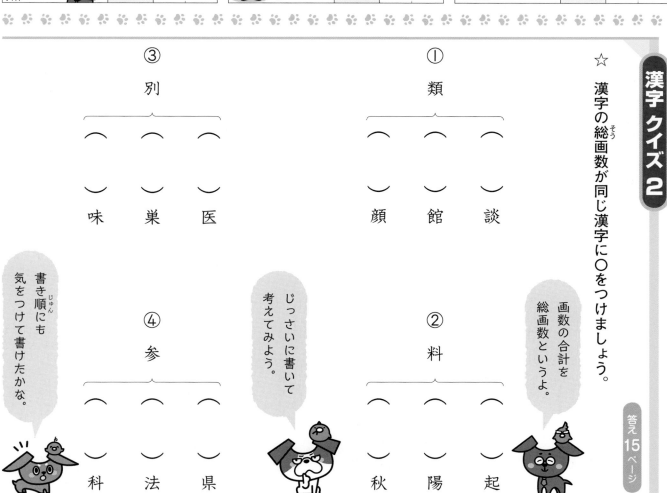

月　　日

ぴったり2 練習

図書館へ行こう／話を聞いて質《しつ》問しよう

1 ――線の漢字の読みがなを書きましょう。

① 台所で料理を作る。（　　）
② お化けの類いは苦手だ。（　　）
③ けっこん式に参列する。（　　）
④ 学校の前で友だちと別れる。（　　）
⑤ 力が加わる。（　　）
⑥ 一定の法則《そく》を見つける。（　　）
⑦ チューリップが芽を出す。（　　）
⑧ つくえの上に書類がある。（　　）

2 □に漢字を書きましょう。

① 植物を□□《ぶんるい》する。
② 新しい□□《ほうほう》を考え出す。
③ 食品の□□《げんりょう》を調べる。
④ 昔の写真とはまるで□□《べつじん》だ。
⑤ 少し油を□《くわ》える。
⑥ パーティーの□□《しかい》をする。
⑦ アサガオの□□《はつが》を記録する。

⑧ 食事の□□《さほう》にきびしい。
⑨ □□《しょくりょう》を調達《たつ》する。
⑩ 神社にお□《まい》りする。
⑪ 図書館の□□《ししょ》。
⑫ 野球選《せん》手としての□《め》が出る。
⑬ □□□《さんかしゃ》を集める。
⑭ ごみを□□《ぶんべつ》する。

教科書 上28〜37ページ
答え 3ページ

漢字辞典の使い方

教科書 上38〜41ページ

新しく学習する漢字

辞　典　成　説　連　順　訓　種　便　利　治

教科書上 38ページ

辞

ジ
◆やめる

つける　長く

使い方

言葉《ことば》の意味《いみ》を辞書《じしょ》で調《しら》べる。
入学式《にゅうがくしき》で祝辞《しゅくじ》を述《の》べる。
お世辞《せじ》でもうれしい。

辛《からい》　13画

部首

辞

教科書上 38ページ

典

テン

出す　長く　とめる　はらう

使い方

学校《がっこう》の式典《しきてん》に参加《さんか》する。
母《はは》に百科事典《ひゃっかじてん》を買《か》ってもらう。
かぜの典型的《てんけいてき》なしょうじょう。

八《は》　8画

言葉の使い分け

「辞典《じてん》・事典《じてん》・字典《じてん》」の使い分けを覚えよう。

教科書上 38ページ

成

セイ
なる
なす
◆ジョウ

わすれない　はねる

使い方

作品《さくひん》が完成《かんせい》する。
犬《いぬ》が成長《せいちょう》して大《おお》きくなる。
漢字《かんじ》の成《な》り立《た》ちを調《しら》べる。

戈 ほこづくり ほこがまえ　6画

言葉の使い分け

成長《せいちょう》ー人間や動物に使う。
生長《せいちょう》ー植物に使う。

教科書上 38ページ

説

セツ
とく
◆ゼイ

向きに注意　上にはねる　はらう

使い方

おもしろい小説《しょうせつ》を読《よ》む。
伝説《でんせつ》を信《しん》じる。
勉強《べんきょう》は必要《ひつよう》だと説《と》く。

言 ごんべん　14画

いろいろな読み方

やさしく説明《せつめい》して、使い方を説《と》く。

教科書上 38ページ

連

レン
つらなる
つらねる
つれる

一画で書く　長く　はらう

使い方

次《つぎ》の人《ひと》に連《れん》らくする。
いくつもの山《やま》が連《つら》なる。
弟《おとうと》を連《つ》れて出《で》かける。

辶 しんにょう しんにゅう　10画

いろいろな読み方

連休《れんきゅう》に妹を連《つ》れて祖父《そふ》の家に行く。

月　日

教科書上38ページ

順

ジュン

はらう　とめる　とめる

使い方

背《せ》の低《ひく》い順《じゅん》にならぶ。
宿題《しゅくだい》が順調《じゅんちょう》に進《すす》む。
正《ただ》しい筆順《ひつじゅん》で書《か》く。

使い方

手順《てじゅん》を守って、作業が順調《じゅんちょう》に進む。

頁 おおがい　12画

教科書上39ページ

訓

クン

長く　はらう　とめる

使い方

漢字《かんじ》の訓読《くんよ》みを調《しら》べる。
ひなん訓練《くんれん》を行《おこな》う。
父《ちち》からの教訓《きょうくん》を守《まも》る。

用語の意味

音読み—ネツ
訓読《くんよ》み—あつい

熱

言 ごんべん　10画

教科書上39ページ

種

シュ
たね

とめる　長く

使い方

二《ふた》つの種目《しゅもく》に出場《しゅつじょう》する。
種子《しゅし》から芽《め》が出《で》る。
手品《てじな》の種明《たねあ》かしをする。

いろいろな読み方

新種《しんしゅ》の花の種《たね》をまく。

禾 のぎへん　14画

教科書上41ページ

便

ベン
ビン
たより

つき出さない　はらう　つき出す

使い方

便所《べんじょ》そうじの当番《とうばん》に当《あ》たる。
郵便局《ゆうびんきょく》で切手《きって》を買《か》う。
友達《ともだち》から便《たよ》りがとどく。

字の形に注意

便

亻 にんべん　9画

教科書上41ページ

利

リ

とめる　はねる

◆きく

使い方

チームが勝利《しょうり》する。
パソコンを利用《りよう》して調《しら》べる。
相手《あいて》にとって有利《ゆうり》なルール。

部首

利

刂 りっとう　7画

教科書上41ページ

治

ジ
チ
おさめる
おさまる
なおる
なおす

向きに注意　下につき出さない

使い方

ゴキブリを退治《たいじ》する。
治安《ちあん》のよい町《まち》に住《す》む。
かぜがすっかり治《なお》る。

いろいろな読み方

全治《ぜんち》一週間のけがが治《なお》る。

氵 さんずい　8画

ぴったり2 練習

漢字辞典の使い方

教科書 上38～41ページ
答え 3ページ

月　日

1 ――線の漢字の読みがなを書きましょう。

① 辞書を引く。（　　）
② 成り立ちについて発表する。（　　）
③ しあいのルールを説く。（　　）
④ 四方に山々が連なる。（　　）
⑤ 列の順番を守る。（　　）
⑥ 植物の種から油をとる。（　　）
⑦ 文具店で便せんを買う。（　　）
⑧ 国を治める。（　　）

2 □に漢字を書きましょう。

① 書店で国語□□《じてん》を買う。
② チャレンジに□《せい》功《こう》する。
③ 先生の□□《せつめい》を聞く。
④ □《つ》れ立って歩く。
⑤ 数の多い□《じゅん》にならべる。
⑥ 花の□□《ひんしゅ》を研究する。
⑦ 漢字の□□《おんくん》を調べる。

⑧ 旅先からの□《たよ》りがとどく。
⑨ ゲームを□□《ゆうり》に進める。
⑩ 入院して病気を□《なお》す。
⑪ □□《しゅってん》を調べる。
⑫ 言葉を□□《れんそう》する。
⑬ 名前を書き□《つら》ねる。
⑭ □□《べんり》な乗り物。

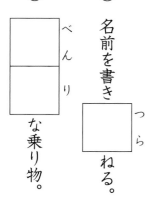

月　日

ヤドカリとイソギンチャク

教科書 上42〜52ページ

新しく学習する漢字

観 察 験 好 飛
関 博 結 果 機

教科書上44ページ

観

カン

わすれない　つける　上にはねる

使い方
メダカを観察《かんさつ》する。
母《はは》が参観日《さんかんび》に来《く》る。
日本各地《にほんかくち》を観光《かんこう》する。

見《み》　18画

字の形に注意

観

6画目をわすれないでね。

教科書上44ページ

察

サツ

「夕」にしない　あける　とめる　はねる

使い方
植物《しょくぶつ》を観察《かんさつ》する。
警察官《けいさつかん》に道《みち》を聞《き》く。
危険《きけん》を察知《さっち》する。

うかんむり　14画

字の形に注意

察

「癶」と書かないようにね。

教科書上44ページ

験

ケン
◆ゲン

つき出さない　はねる　はらう

使い方
漢字《かんじ》の試験《しけん》に合格《ごうかく》する。
経験《けいけん》を生《い》かした仕事《しごと》をする。
実験《じっけん》が成功《せいこう》する。

うまへん　18画

筆順

験

1画目をまちがえやすいよ！

教科書上45ページ

好

コウ
このむ
すく

少し出す　とめる　はねる

使い方
ぼくの好物《こうぶつ》はカレーです。
自分《じぶん》の好《この》みの色《いろ》を言《い》う。
好《す》き勝手《かって》に行動《こうどう》する。

おんなへん　6画

反対の意味の言葉

好調《こうちょう》
不調《ふちょう》

教科書上46ページ

飛

ヒ
とぶ
とばす

向きに注意　はらう　はねる

使い方
飛行機《ひこうき》に乗《の》る。
鳥《とり》が空《そら》を飛《と》ぶ。
車《くるま》がどろ水《みず》を飛《と》ばす。

とぶ　9画

部首

「飛」は、漢字全体が部首「とぶ」だよ。

「とぶ」だよ！
飛

月　日

教科書上 46ページ

関

長く　はねる　とめる

カン
せき
かかわる

使い方

スポーツに関心《かんしん》がある。
昔《むかし》、関所《せきしょ》があった町《まち》。
となり町《まち》との関《かか》わりを調《しら》べる。

いろいろな読み方

関取《せきとり》が機関車《きかんしゃ》に乗る。

14画　門《もんがまえ》

教科書上 46ページ

博

つき出す　9画目に書く　とめる　はねる

ハク
◆バク

使い方

家族《かぞく》で博物館《はくぶつかん》に行《い》く。
万国博覧会《ばんこくはくらんかい》が開《ひら》かれる。
姉《あね》は博学《はくがく》だ。

字の形に注意

わすれないようにしよう。
博

12画　十《じゅう》

教科書上 49・51ページ

結

上を長く　とめる

ケツ
むすぶ
◆ゆう
◆ゆわえる

使い方

テストの結果《けっか》を楽《たの》しみに待《ま》つ。
新《あたら》しいチームを結成《けっせい》する。
ひもをしっかりと結《むす》ぶ。

いろいろな読み方

ひもを結《むす》んで、列車を連結《れんけつ》する。

12画　糸《いとへん》

教科書上 49ページ

果

一画で書く　はらう

カ
はたす
はてる
はて

使い方

季節《きせつ》の果実《かじつ》が実《みの》る。
おこづかいを使《つか》い果《は》たす。
走《はし》り続《つづ》けて、つかれ果《は》てる。

筆順

果
5
6
5・6画目に気をつけよう。

8画　木《き》

教科書上 49ページ

機

わすれない　出さない　わすれない　はねる

キ
◆はた

使い方

大《おお》きな機械《きかい》を動《うご》かす。
計算機《けいさんき》を使《つか》う。
話《はな》し合《あ》いの機会《きかい》を作《つく》る。

使い方

機長《きちょう》と話す機会《きかい》を得《え》る。

16画　木《きへん》

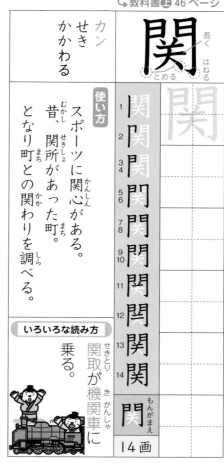

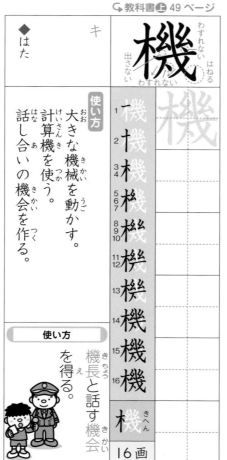

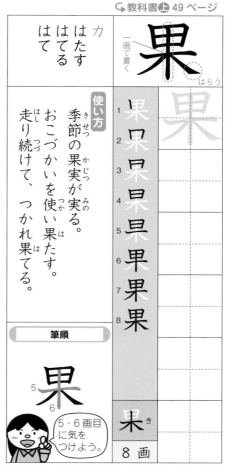

ぴったり2 練習

ヤドカリとイソギンチャク

教科書 上42～52ページ
答え 4ページ

1 ――線の漢字の読みがなを書きましょう。

① メダカの成長を観察する。（　　）
② 旅先で体験したことを書く。（　　）
③ トマトが好きです。（　　）
④ ハクチョウが飛来する。（　　）
⑤ 関所について調べる。（　　）
⑥ くつひもを結ぶ。（　　）
⑦ 飛行機に乗る。（　　）
⑧ だれからも好かれる。（　　）

2 □に漢字を書きましょう。

① □□《かんきゃく》が多い。
② 警□《さつ》官を目ざしている。
③ 海外旅行を経《けい》□《けん》する。
④ 体調は良《りょう》□《こう》だ。
⑤ 風船を空へと□《と》ばす。
⑥ 事けんとの□《かか》わりはない。
⑦ 父と□□□《はくぶつかん》をめぐる。

⑧ 勝負の□□《けっか》を聞く。
⑨ 道に□《と》び出してはいけません。
⑩ 親子の□□《かんけい》を考える。
⑪ □□□《きかんしゃ》の展示《てんじ》を見る。
⑫ 力士《し》が□□《おおぜき》になる。
⑬ 人によって□《この》みがちがう。
⑭ 約束《やくそく》を□《は》たす。

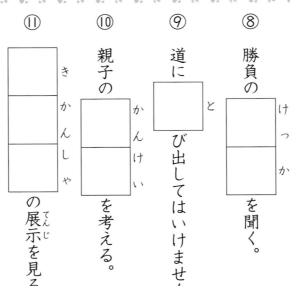

月　日

ぴったり1 じゅんび

漢字を使おう2 わたしのクラスの「生き物図かん」

教科書 上53～61ページ

新しく学習する漢字

量　熱　清　漁　害　材　完

教科書上53ページ

量（長く・長く）

リョウ
はかる

使い方
マイクの音量《おんりょう》を上《あ》げる。
少量《しょうりょう》の塩《しお》を入《い》れる。
水《みず》の重《おも》さを量《はか》る。

漢字の使い分け
量《はか》る―重さをはかること。
計《はか》る―時間をはかること。

量（さと）　12画

教科書上53ページ

熱（とめる・上にはねる・向きに注意）

ネツ
あつい

使い方
かぜをひいて熱《ねつ》が出《で》る。
読書《どくしょ》に熱中《ねっちゅう》する。
熱《あつ》いお茶《ちゃ》を飲《の》む。

漢字の使い分け
熱《あつ》い―温度が高い様子。
暑《あつ》い―気温が高い様子。

熱（れんが・れっか）　15画

教科書上53ページ

清（向きに注意・とめる・はねる）

セイ
きよい
きよまる
きよめる
◆ショウ

使い方
手《て》を清《せい》けつにたもつ。
谷間《たにま》の清流《せいりゅう》にそって歩《ある》く。
川《かわ》の水《みず》が清《きよ》くすんでいる。

反対の意味の言葉
清音《せいおん》
だく音

清（さんずい）　11画

教科書上53ページ

漁（向きに注意・向きに注意）

ギョ
リョウ

使い方
漁業《ぎょぎょう》がさかんな町《まち》。
漁港《ぎょこう》に船《ふね》が帰《かえ》ってくる。
今年《ことし》はさんまが大漁《たいりょう》だ。

いろいろな読み方
漁《りょう》に出た漁船《ぎょせん》が港にもどる。

漁（さんずい）　14画

教科書上53ページ

害（長く）

ガイ

使い方
公害《こうがい》について調《しら》べる。
害虫《がいちゅう》に葉《は》を食《た》べられる。
有害《ゆうがい》な物質《ぶっしつ》を取《と》りのぞく。

反対の意味の言葉
害鳥《がいちょう》

益鳥《えき》

害（うかんむり）　10画

教科書上56ページ

材

ザイ

少し出す　とめる　はねる

1 2 3 4 5 6 7

使い方

カレーの材料《ざいりょう》を買《か》う。
事件《じけん》を取材《しゅざい》する。
人材《じんざい》が不足《ふそく》している。

形のにた漢字

材木《ざいもく》

村

材　きへん

7画

教科書上60ページ

完

カン

つける　上にはねる　はらう

1 2 3 4 5 6 7

使い方

やっとの思《おも》いで完成《かんせい》させる。
完全《かんぜん》な形《かたち》で化石《かせき》が発見《はっけん》される。
物語《ものがたり》が完結《かんけつ》する。

使い方

未完《みかん》の作品が完《かん》成《せい》する。

完　うかんむり

7画

読み方が新しい漢字

漢字	読み方	使い方	前に出た読み方
明	ミョウ	明朝《みょうちょう》に出発《しゅっぱつ》する	明《あ》かり　明《あか》るい　明《あか》らむ　明《あき》らか　明《あ》ける

とくべつな読み方をする言葉

言葉	使い方
清水《しみず》	清水《しみず》を飲《の》む

漢字クイズ3

☆正しい筆順に○をつけましょう。

① 量

ア　イ

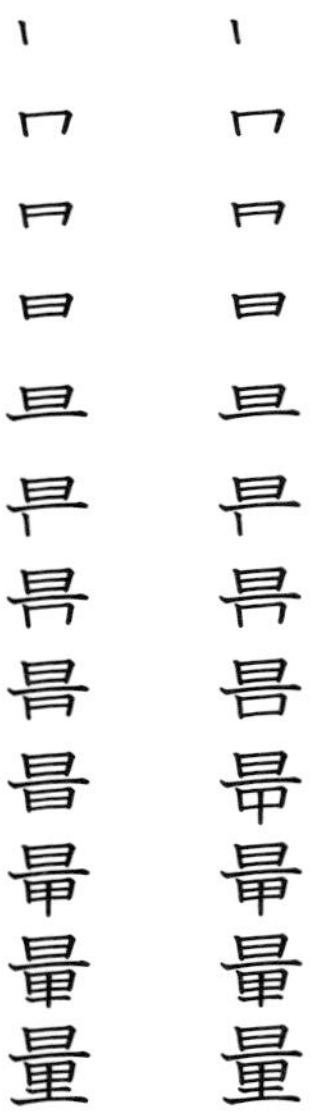

② 熱

ア　イ

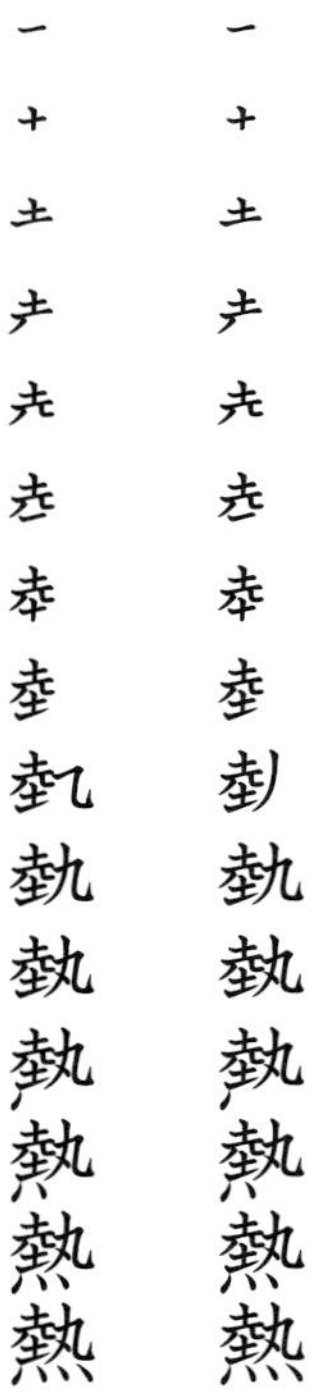

答え15ページ

ぴったり練習2

漢字を使おう2／わたしのクラスの「生き物図かん」

教科書 上53～61ページ
答え 4ページ

（　）月（　）日

1 ――線の漢字の読みがなを書きましょう。

① 体重を量る。（　）
② 新しいダムが完成する。（　）
③ マグロの漁が始まる。（　）
④ 明朝に学校へ行く。（　）
⑤ 清流に住む魚。（　）
⑥ 公害の発生をふせぐ。（　）
⑦ 体が熱い。（　）
⑧ 学級新聞の取材をする。（　）

2 □に漢字を書きましょう。

① □□《しょうりょう》のおやつを食べる。
② 夜中に□□《はつねつ》する。
③ あたたかい言葉に心が□《きよ》まる。
④ 災《さい》□《がい》から身を守る。
⑤ 工作の□□《ざいりょう》をそろえる。
⑥ 物語が□□《かんけつ》する。
⑦ □□《しみず》の流れる音を聞く。

⑧ メモを□□《せいしょ》する。
⑨ 近くの海は良《よ》い□□《ぎょじょう》だ。
⑩ お店で□□《がざい》を買う。
⑪ しおの□□《ぶんりょう》を調べる。
⑫ □□《みょうにち》に出発する。
⑬ □□《はくねつ》したしあいだった。
⑭ □□《がいちゅう》を追いはらう。

走れ／漢字を使おう3

教科書 上62～79ページ

月　　日

新しく学習する漢字

約 束 席 位 笑 特 焼 競 初 旗 最 健 康 達

教科書上 66ページ

約

ヤク

とめる　はねる

使い方

必《かなら》ず守《まも》ると約束《やくそく》する。
予約《よやく》したバスで出《で》かける。
約一時間《やくいちじかん》かかる道《みち》のり。

反対の意味の言葉

節約《せつやく》

ろう費《ひ》

糸《いとへん》　9画

教科書上 66ページ

束

ソク　たば

とめる　はらう

使い方

チームが結束《けっそく》して勝《か》つ。
約束《やくそく》の時間《じかん》に間《ま》に合《あ》う。
かみの毛《け》を束《たば》ねる。

形のにた漢字

花束《はなたば》

東京

木《き》　7画

教科書上 67ページ

席

セキ

四画で書く　とめる　はねる

使い方

かぜで学校《がっこう》を欠席《けっせき》する。
指定席《していせき》にすわる。
着席《ちゃくせき》して先生《せんせい》を待《ま》つ。

反対の意味の言葉

起立

着席《ちゃくせき》

巾《はば》　10画

教科書上 67ページ

位

イ　くらい

つける　上より長く

使い方

正《ただ》しい位置《いち》を地図《ちず》でさがす。
順位《じゅんい》の発表《はっぴょう》を待《ま》つ。
百《ひゃく》の位《くらい》をくり上《あ》げる。

漢字の覚え方

人（亻）の立つ位置《いち》。

亻《にんべん》　7画

教科書上 68ページ

笑

わらう
◆ショウ
◆えむ

向きに注意　「天」にしない　はらう

使い方

大《おお》きな声《こえ》で笑《わら》う。
笑《わら》った顔《かお》で写真《しゃしん》をとる。
笑《わら》う門《かど》には福来《ふくき》たる。

反対の意味の言葉

笑《わら》う

泣《な》く

⺮《たけかんむり》　10画

月　　日

特

教科書上 68ページ

特（とめる・はねる）

トク

使い方

特大《とくだい》のケーキを作《つく》る。
全国《ぜんこく》の特産品《とくさんひん》を調《しら》べる。
今年《ことし》の夏《なつ》は特別《とくべつ》暑《あつ》い。

形のにた漢字

特大《とくだい》
持つ

特　うしへん

10画

焼

教科書上 68ページ

焼（つけない・上にはねる・とめる）

やく
やける
◆ショウ

使い方

母《はは》とクッキーを焼《や》く。
家族《かぞく》で焼《や》き肉《にく》を食《た》べる。
海《うみ》へ行《い》って日焼《ひや》けする。

字の形に注意

形に注意しよう！

焼

焼　ひへん

12画

競

教科書上 70ページ

競（上にはねる）

キョウ
ケイ
◆きそう
◆せる

使い方

徒競走《ときょうそう》に出場《しゅつじょう》する。
陸上競技場《りくじょうきょうぎじょう》に行《い》く。
父《ちち》と競馬場《けいばじょう》に出《で》かける。

字の形に注意

10・20画目のちがいを覚えよう！

競

競　たつ

20画

初

教科書上 74ページ

初（つけない・わすれない・はねる）

ショ
はじめ
はじめて
はつ
◆うい
◆そめる

使い方

初心者《しょしんしゃ》でもすぐできる作業《さぎょう》。
初《はじ》めからやり直《なお》す。
初日《はつひ》の出《で》をおがむ。

反対の意味の言葉

最初《さいしょ》
最後

初　かたな

7画

旗

教科書上 74ページ

旗（わすれない・やや長く・はねる・とめる）

キ
はた

使い方

旗手《きしゅ》を先頭《せんとう》に行進《こうしん》する。
運動場《うんどうじょう》に校旗《こうき》をかかげる。
旗《はた》をふって知《し》らせる。

字の形に注意

書きわすれないようにね。

旗

旗　ほうへん　かたへん

14画

最

教科書上 76ページ

最（長く・つけない・はらう）

サイ
もっとも

使い方

最新《さいしん》のニュースを見《み》る。
最強《さいきょう》のチームを作《つく》る。
世界《せかい》で最《もっと》も高《たか》い山《やま》を調《しら》べる。

いろいろな読み方

賞状

最近《さいきん》、最《もっと》もうれしかったこと。

最　ひらび　いわく

12画

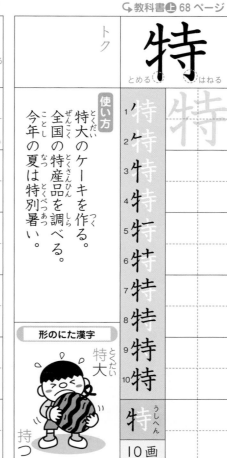

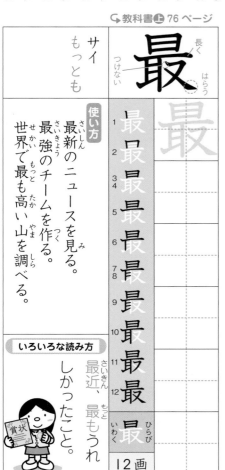

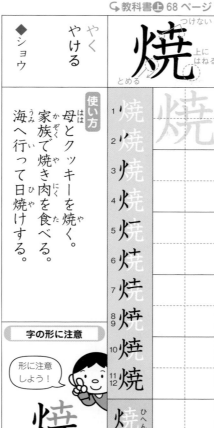

月　　日

教科書上 79ページ

健

つき出す　はらう

ケン

◆すこやか

使い方

保健室《ほけんしつ》で休《やす》む。
健全《けんぜん》な体《からだ》づくりをしている。
学校《がっこう》で健康《けんこう》しんだんを受《う》ける。

1 ノ 2 イ 3 亻 4 5 亻 6 亻 7 亻 8 亻 9 亻 10 亻 11 健

亻 にんべん

11画

筆順

9・10画
目に気を
つけよう！
9
10

教科書上 79ページ

康

つき出す　一画で書く　はねる　はらう

コウ

使い方

健康《けんこう》に気《き》をつかった食生活《しょくせいかつ》。
運動《うんどう》は健康《けんこう》によい。
健康《けんこう》な体《からだ》をもつ。

1 2 3 4 5 6 7 8 9 10 11 康

广 まだれ

11画

字の形に注意

「フく」では
ないよ！

教科書上 79ページ

達

横画は三本　一画で書く

タツ

使い方

郵便物《ゆうびんぶつ》を配達《はいたつ》する。
空手《からて》の達人《たつじん》といわれる。
絵《え》が上達《じょうたつ》する。

1 2 3 4 5 6 7 8 9 10 11 12 達

⻎ しんにょう しんにゅう

12画

字の形に注意

「幸」では
ないよ！

読み方が新しい漢字

漢字	読み方	使い方	前に出た読み方
走	ソウ	リレーの走者《そうしゃ》	走《はし》る
元	ガン	元日《がんじつ》の朝《あさ》	元気《げんき》 元《もと》
男	ナン	長男《ちょうなん》と出《で》かける	男女《だんじょ》 男《おとこ》
赤	セキ	赤《せき》はんをたく	赤《あか》 赤《あか》い 赤《あか》らむ 赤《あか》らめる
半	なかば	五月《ごがつ》の半《なか》ば	半分《はんぶん》

特別な読み方をする言葉

言葉	使い方
手伝《てつだ》う	先生《せんせい》の手伝《てつだ》いをする

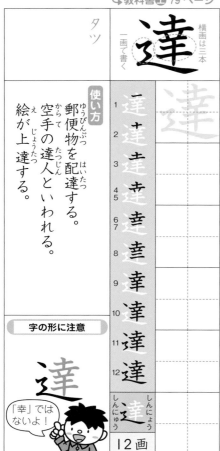

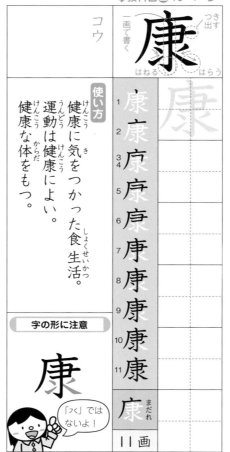

ぴったり1 じゅんび

人物の気持ちと行動を表す言葉
山場のある物語を書こう

教科書 上80〜85ページ

新しく学習する漢字

功　敗　望

教科書上 81 ページ

功

コウ
◆ク

つくりより小さく　はらう　はねる

使い方
りっぱな功績《こうせき》を残《のこ》す。
三回目《さんかいめ》で成功《せいこう》する。
かめの甲《こう》より年《とし》の功《こう》。

字の形に注意

部首：力《ちから》
5画

教科書上 81 ページ

敗

ハイ
やぶれる

とめる　はらう

使い方
試合《しあい》で勝敗《しょうはい》を決《き》める。
二回戦《にかいせん》で敗退《はいたい》する。
決勝戦《けっしょうせん》で敗《やぶ》れる。

反対の意味の言葉

失敗《しっぱい》　成功

部首：攵《のぶん》（ぼくづくり）
11画

教科書上 81 ページ

望

ボウ
のぞむ
◆モウ

たてに打つ　はねる　長く

使い方
望遠鏡《ぼうえんきょう》で星《ほし》を見《み》る。
みんなの望《のぞ》みがかなう。
山《やま》の上《うえ》から海《うみ》を望《のぞ》む。

部首

「望」の部首は、「つき」です。

部首：月《つき》
11画

読み方が新しい漢字

漢字	読み方	使い方	前に出た読み方
絵	カイ	絵画《かいが》をながめる	絵《え》

特別な読み方をする言葉

言葉	使い方
友達《ともだち》	日曜日《にちようび》に友達《ともだち》と遊《あそ》ぶ

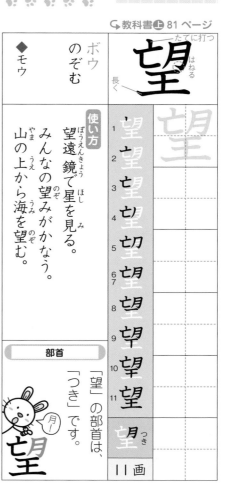

走れ／漢字を使おう3／人物の気持ちと行動を表す言葉／山場のある物語を書こう

月　日

1 ―線の漢字の読みがなを書きましょう。

①（　）約束の時間を守る。

②（　）自動車が走行する。

③（　）大きな競馬場が見える。

④（　）初級の問題をとく。

⑤（　）国旗をかかげる。

⑥（　）最も良《よ》いやり方を考える。

⑦（　）文明が発達する。

⑧（　）かれの功績《せき》をたたえる。

2 □に漢字を書きましょう。

① 家事を□□《てつだ》う。

② □《やく》二千人の観客が集まった。

③ おいわいの□□《はなたば》をおくる。

④ 会長が□□《ちゃくせき》する。

⑤ □□《じゅんい》をたしかめる。

⑥ テレビを見て大声で□《わら》う。

⑦ □□《とくべつ》な料理を食べる。

⑧ グリルで魚を□《や》く。

⑨ 運動会の徒《と》□□《きょうそう》。

⑩ □《はじ》めてコーヒーを飲む。

⑪ □《はた》をふっておうえんする。

⑫ □□《さいしょ》にあいさつをする。

⑬ □□《けんこう》のために運動をする。

⑭ 手紙を□□《そくたつ》で出す。

教科書 上62～85ページ
答え 4ページ

月　日

ぴったり2 練習

走れ／漢字を使おう3／人物の気持ちと行動を表す言葉／山場のある物語を書こう

教科書 上62～85ページ
答え 4ページ

1 ――線の漢字の読みがなを書きましょう。

① 弟の望みをかなえる。（　　）
② 長男と長女。（　　）
③ 志《こころざし》半ばでゆめをあきらめた。（　　）
④ 初夏にみかんを食べる。（　　）
⑤ 祖《そ》父《ふ》母《ぼ》は健在《ざい》だ。（　　）
⑥ 赤道をこえる旅をする。（　　）
⑦ 十の位をくり下げる。（　　）
⑧ 友達にプレゼントをわたす。（　　）

2 □に漢字を書きましょう。

① かみの毛を□《たば》ねる。
② □□□《うんてんせき》にすわる。
③ わたしの□《とく》技《ぎ》はなわとびだ。
④ 西の空に□□《ゆうや》けが見える。
⑤ □《はつ》日の出をおがむ。
⑥ □□《きょうえい》の中けいを見る。
⑦ □□《がんじつ》にお参りへ行く。

⑧ 思わず□□《せきめん》する。
⑨ □□《かいが》教室に通う。
⑩ テスト勉強が□《こう》を奏《そう》した。
⑪ 海外に行きたいと□□《せつぼう》する。
⑫ チームの□□《しょうはい》を見とどける。
⑬ さか上がりに□□《せいこう》する。
⑭ □□《ぼうえん》レンズを使う。

月　日

ぴったり2 練習

走れ／漢字を使おう3／人物の気持ちと行動を表す言葉／山場のある物語を書こう

1 ——線の漢字の読みがなを書きましょう。

① 教室から笑い声が聞こえる。（　　）
② 第一走者にえらばれる。（　　）
③ 観客席にすわる。（　　）
④ 引っこしを手伝う。（　　）
⑤ 特にさくらが好きだ。（　　）
⑥ 初めての海外旅行へ行く。（　　）
⑦ 魚が焼けるにおいがする。（　　）
⑧ 美術《じゅつ》館で絵画を見る。（　　）

2 □に漢字を書きましょう。

① 店を□□《よやく》する。
② マラソンの□□《じゅんい》を争《あらそ》う。
③ □□《けんこう》的《てき》な食事を心がける。
④ 大きく□《はた》をふる。
⑤ □□《さいご》の力をふりしぼる。
⑥ 保《ほ》□《けん》室で熱をはかる。
⑦ □□《がんじつ》におせちを食べる。

⑧ 手紙の文字が□□《たっぴつ》だった。
⑨ 今日は□□《じなん》の誕《たん》生日だ。
⑩ 思わず□□《せきめん》する。
⑪ 道のりの□《なか》ばまで進む。
⑫ 白チームが□《やぶ》れると思う。
⑬ かれは□□《じんぼう》がある。
⑭ □□《ともだち》とボールで遊ぶ。

教科書 上62～85ページ
答え 5ページ

ぴったり1 じゅんび

漢字を使おう4
ローマ字の書き方
広告《こく》を読みくらべよう

教科書 上86〜100ページ

新しく学習する漢字

共 英 末 愛 候 折 的 必 要 印 刷 選

教科書上86ページ

共

キョウ　とも

つけない　長く　はらう　とめる

使い方

共同《きょうどう》で作品《さくひん》を作《つく》る。

共通《きょうつう》の話題《わだい》でもり上《あ》がる。

兄《あに》と共《とも》に行動《こうどう》する。

筆順

1・2画目に気をつけよう！

部首：八《は》　6画

教科書上86ページ

英

エイ

少し出す　長く　はらう

使い方

英会話学校《えいかいわがっこう》に通《かよ》う。

国《くに》の英《えい》ゆうになる。

休日《きゅうじつ》に英気《えいき》を養《やしな》う。

漢字の意味

「英」には、イギリスという意味もある。

部首：艹《くさかんむり》　8画

教科書上86ページ

末

マツ　すえ　◆バツ

上を長く　はらう　とめる

使い方

年末《ねんまつ》に家《いえ》の大《おお》そうじをする。

いらない物《もの》を始末《しまつ》する。

ぼくは末《すえ》っ子《こ》だ。

形のにた漢字

週末《しゅうまつ》

未《み》定

部首：木《き》　5画

教科書上86ページ

愛

アイ

向きに注意　はねる　はらう

使い方

家族《かぞく》に愛情《あいじょう》を注《そそ》ぐ。

愛着《あいちゃく》のある道具《どうぐ》を使《つか》う。

愛用《あいよう》の筆箱《ふでばこ》をなくす。

部首

「愛」の部首は、「こころ」だよ。

部首：心《こころ》　13画

教科書上86ページ

候

コウ　◆そうろう

出す　つき出さない　わすれない　はらう

使い方

すごしやすい気候《きこう》。

悪天候《あくてんこう》で遠足《えんそく》が中止《ちゅうし》になる。

たくさんの候補《こうほ》から選《えら》ばれる。

字の形に注意

わすれないようにね。

部首：亻《にんべん》　10画

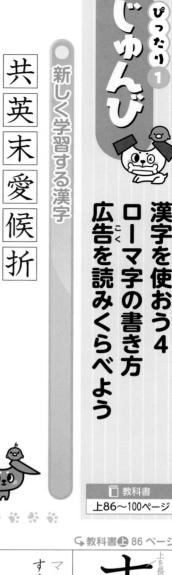

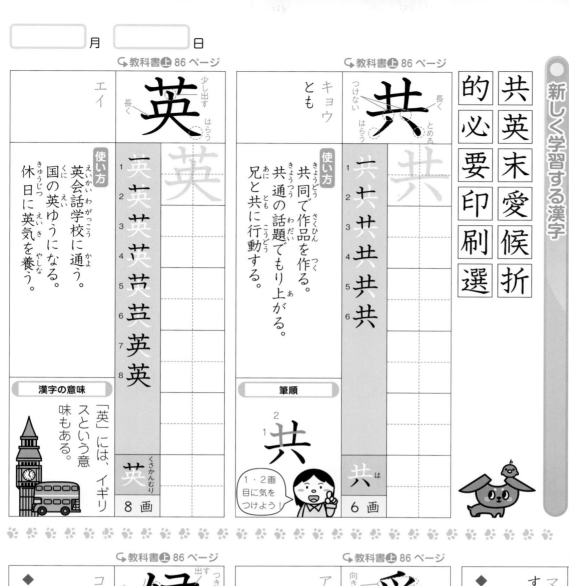

月　　日

教科書上 86ページ

折

セツ
おる
おり
おれる

はねる

使い方
角《かど》を左折《させつ》する。
願《ねが》いをこめてつるを折《お》る。
折《おり》をみて話《はな》す。

筆順：1 - 2 才 3 扌 4 扌 5 扩 6 扩 7 折

いろいろな読み方
右折《うせつ》した所にある店で折《お》り紙《がみ》を買う。

部首：扌 てへん
7画

教科書上 90ページ

的

テキ
まと

「ン」にしない　はねる

使い方
予想《よそう》が的中《てきちゅう》する。
積極的《せっきょくてき》に行動《こうどう》する。
弓《ゆみ》で的《まと》をねらう。

筆順：1 ノ 2 ｲ 3 白 4 白 5 白 6 的 7 的 8 的

字の形に注意

「ン」にしないように注意しよう。

的

部首：白 しろ
8画

教科書上 92ページ

必

ヒツ
かならず

向きに注意　はらう　はねる

使い方
遠足《えんそく》に必要《ひつよう》な物《もの》を買《か》う。
ゴールを目指《めざ》して必死《ひっし》に走《はし》る。
帰《かえ》ったら必《かなら》ず電話《でんわ》をください。

筆順：1 丶 2 ソ 3 义 4 必 5 必

筆順

1 2 3 4 5 必

しっかり覚えよう！

部首：心 こころ
5画

教科書上 92ページ

要

ヨウ
かなめ
◆いる

「西」にしない　長く　はらう　とめる

使い方
要求《ようきゅう》にこたえる。
重要《じゅうよう》な問題《もんだい》を話《はな》し合《あ》う。
かれはチームの要《かなめ》だ。

筆順：1 一 2 一 3 亓 4 襾 5 襾 6 襾 7 要 8 要 9 要

部首

「女」ではないので気をつけよう。

要

部首：覀 おおいかんむり
9画

教科書上 92ページ

印

イン
しるし

とめる　はねる

使い方
プリントを印刷《いんさつ》する。
よい印象《いんしょう》をもつ。
大切《たいせつ》な所《ところ》に印《しるし》をつける。

筆順：1 ノ 2 ｒ 3 ｆ 4 ｆ 5 印 6 印

筆順

先に「ﾌ」を書くんだよ。

印 5 6

部首：卩 わりふ ふしづくり
6画

教科書上 92ページ

刷

サツ
する

つける　とめる　とめる　はねる

使い方
プリントを印刷《いんさつ》する。
今《いま》までのやり方《かた》を刷新《さっしん》する。
新聞《しんぶん》を刷《す》る機械《きかい》。

筆順：1 ㇆ 2 コ 3 尸 4 尸 5 尽 6 刷 7 刷 8 刷

部首

「刷」の部首は、「りっとう」だよ。

刷

「巾」とまちがえないでね。

部首：刂 りっとう
8画

月　　日

教科書上 92ページ

選

セン　えらぶ

はねる　はらう

15画　しんにょう　しんにゅう

使い方

見事《みごと》に予選《よせん》を勝《か》ちぬく。

プロ野球《やきゅう》の選手《せんしゅ》になりたい。

図書室《としょしつ》で本《ほん》を選《えら》ぶ。

いろいろな読み方

選挙《せんきょ》で委員長を選《えら》ぶ。

読み方が新しい漢字

漢字	読み方	使い方	前に出た読み方
分	ブ	分《ぶ》あつい本《ほん》	分《ふん》・自分《じぶん》 分《わ》かる
風	かざ	風車《かざぐるま》が回《まわ》る	風《かぜ》 風船《ふうせん》
色	シキ	色紙《しきし》を買《か》う	黄色《きいろ》い 三色《さんしょく》
二	ふた	二《ふた》けたの数字《すうじ》	二《に》まい 二《ふた》つ
広	コウ	広大《こうだい》な空《そら》	広《ひろ》い 広《ひろ》まる

漢字クイズ4

答え15ページ

☆計算すると、どんな漢字ができますか。漢字を書いて答えましょう。

① 受－又＋心＋夂＝

② 亡＋月＋玉－、＝

③ 体－本＋重＋力＝

④ 仕－士＋｜＋ユ＋矢＝

⑤ 庫－車＋コ＋求－、＝

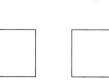

月　日

ぴったり2 練習

漢字を使おう4／ローマ字の書き方／広告《こく》を読みくらべよう

1 ――線の漢字の読みがなを書きましょう。

①（　　）共に力を合わせてがんばる。
②（　　）この勝負は分が悪い。
③（　　）春の気候をかくにんする。
④（　　）折よく、父が帰ってきた。
⑤（　　）ボールを的に当てる。
⑥（　　）必ずしもまちがいではない。
⑦（　　）木版《はん》画を刷る。
⑧（　　）野球選手になりたい。

2 □に漢字を書きましょう。

① □□《えいご》を話す。
② 物語の□□《けつまつ》を読む。
③ 三人兄弟の□《すえ》っ子だ。
④ □□□□《あいちょうしゅうかん》が始まる。
⑤ □□《てんこう》のよい日が続く。
⑥ □□《かざむ》きが変わる。
⑦ 草のくきをふみ□《お》る。

⑧ □□□《ふたもじ》のじゅく語。
⑨ □□《こうだい》な土地を管《かん》理する。
⑩ 大切な部分に□《しるし》をつける。
⑪ □□《もくてき》をはっきりさせる。
⑫ みんなの力が□□《ひつよう》だ。
⑬ 正しい答えを□《えら》ぶ。
⑭ 新聞を□□《いんさつ》する。

教科書 上86～100ページ
答え 5ページ

月　日

ぴったり2 練習

漢字を使おう4／ローマ字の書き方／広告《こく》を読みくらべよう

教科書 上86～100ページ
答え 5ページ

1 ――線の漢字の読みがなを書きましょう。

① 英会話を勉強する。（　　）
② 五月の気候を調べる。（　　）
③ 文末の書き方をそろえる。（　　）
④ ぬいぐるみに愛着がわく。（　　）
⑤ 部活の参加を要求する。（　　）
⑥ けむりが風下に動く。（　　）
⑦ 二手に分かれる。（　　）
⑧ カードに名前を印字する。（　　）

2 □に漢字を書きましょう。

① 二人の□□□《きょうつうてん》をさがす。
② 話し合った□《すえ》に結論《ろん》が出た。
③ □□《こうだい》な土地をたがやす。
④ わたしの□□□《あいどくしょ》。
⑤ この冬の□□《てんこう》を予想する。
⑥ 紙とストローで□□《かざぐるま》を作る。
⑦ 次の十字路を□□《させつ》する。
⑧ 友達の意見に□□《きょうかん》する。
⑨ □《しき》さいがゆたかな絵。
⑩ □□□《へいわてき》解《かい》決を目指す。
⑪ ゴールまで□□《ひっし》に走る。
⑫ 自習のやり方を□□《さっしん》する。
⑬ メンバーに□□《せんしゅつ》される。
⑭ かれはこのチームの□《かなめ》だ。

月　日

夏のチャレンジテスト①

時間30分

／100

ごうかく80点

教科書　上16～100ページ

答え　6ページ

1 ――線の漢字の読みがなを書きましょう。

一つ2点（34点）

① 漁業（　）にとても大きな害（　）をおよぼす。

② 赤道（　）に近い国の気候（　）。

③ 健康（　）を心から望（　）むなら、大いに笑（　）おう。

④ 失敗（　）から学んで大きな成功（　）につなげる。

⑤ 印刷（　）された用紙が十まい必要（　）だ。

⑥ 一位（　）を目ざすことを友に約束（　）する。

⑦ 旗（　）には大きな字で英語（　）が書かれている。

⑧ すぐれた選手（　）と競走（　）する。

2 ――線のひらがなを、漢字と送りがなに分けて書きましょう。

一つ2点（16点）

① かならず持ってくること。（　）

② 都市の名前をおぼえる。（　）

③ いきなり四点をうしなう。（　）

④ 大きな会社ではたらく。（　）

⑤ われたガラスを新聞紙でつつむ。（　）

⑥ りんごの数をもとめる。（　）

⑦ ボウルの中に水をくわえる。（　）

⑧ 国王が国をおさめる。（　）

月　　日

3 □に漢字を書きましょう。

一つ2点(28点)

① □□《しぜん》を□□《かんさつ》する。

② □□《そうこ》を工場の近くで□《か》りる。

③ □□《たいへん》なことがあっても□□《どりょく》をする。

④ □《べつ》の□□《ほうほう》を考える。

⑤ 友達に□□《きろく》を□《つた》える。

⑥ □□《べんり》な□□□《ひこうき》に乗る。

⑦ □□《ひつじゅん》と音読みと□《くん》読みを調べる。

4 次の□に漢字を入れて、意味に合った言葉を完成させましょう。

一つ2点(6点)

① □《るい》は友を呼《よ》ぶ
（気の合うものは、しぜんに集まる）

② □《や》け石に水
（多少の手助けではきき目がない）

③ まかぬ□《たね》は生えぬ
（何のきっかけもなしに物事は起こらない）

5 次の漢字の部首名をひらがなで書きましょう。

一つ2点(16点)

① 清（　　　）

② 例（　　　）

③ 関（　　　）

④ 愛（　　　）

⑤ 説（　　　）

⑥ 的（　　　）

⑦ 英（　　　）

⑧ 選（　　　）

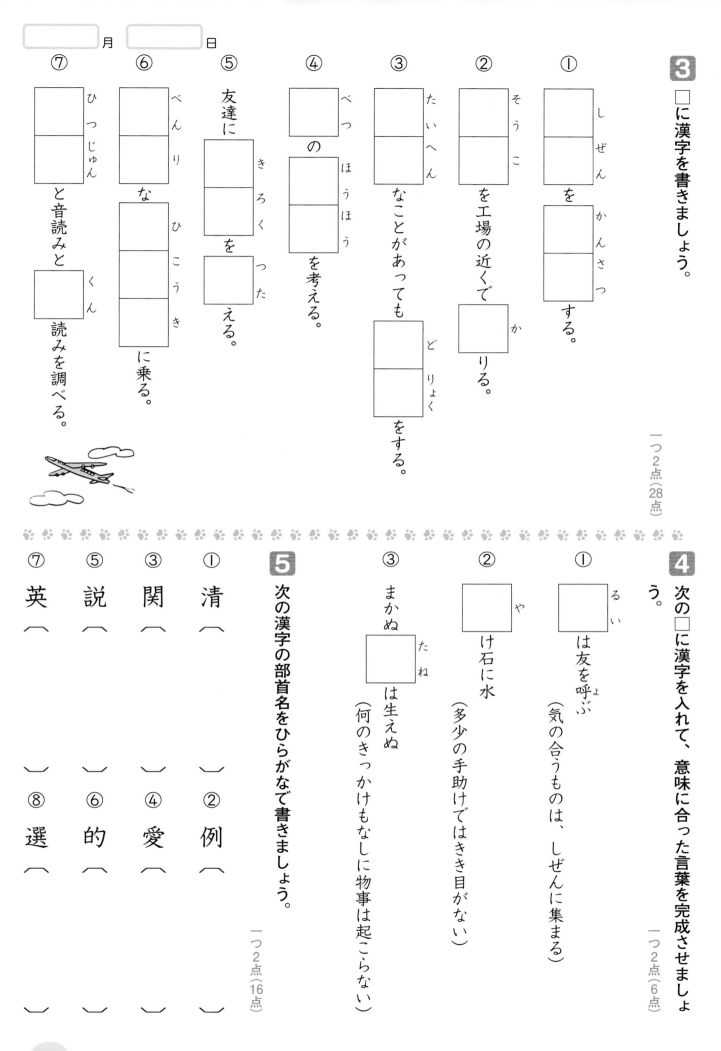

月　　日

夏のチャレンジテスト②

1 ——線の漢字の読みがなを書きましょう。　一つ2点（38点）

① このテレビ番組の司会者（　　）が好（　　）きです。

② 倉庫（　　）の近くにハチが巣（　　）をつくった。

③ 別（　　）で出された案（　　）について多くの具体例（　　）を話す。

④ 求（　　）められた努力（　　）をせずにあっさりと敗北（　　）する。

⑤ 司書（　　）の先生がすわる席（　　）がある。

⑥ 種（　　）から小さな芽（　　）が出る。

⑦ 順番（　　）にやるべきことを全員に説明（　　）した。

⑧ 直（　　）ちに家に帰り、自（　　）らうちだした記録（　　）を調べる。

2 次の文から、まちがって使われている漢字をぬき出して、正しい漢字を書きましょう。　一つ1点（10点）

例 今《いま》は牛後三時《ごごさんじ》だ。　→ × 牛　○ 午

① 受《あい》する人《ひと》と時間《じかん》をすごす。　→ ×（　）　○（　）

② 国語事典《こくごじてん》で言葉《ことば》の意味《いみ》を調《しら》べる。　→ ×（　）　○（　）

③ 便理《べんり》な道具《どうぐ》を使《つか》う。　→ ×（　）　○（　）

④ 約束《やくそく》の場所《ばしょ》をまちがえる。　→ ×（　）　○（　）

⑤ 健候《けんこう》を大切《たいせつ》にする。　→ ×（　）　○（　）

時間 30分　／100　ごうかく 80点

教科書 上16〜100ページ
答え 6ページ

3 □に漢字を書きましょう。

一つ2点（30点）

① □《りょう》の□□《せいこう》を□《つた》える。

② □□《さいしょ》のころの□《あつ》い思いを話す。

③ □□《ひつよう》な□□《ざいりょう》を集める。

④ □□《かんせい》した□《や》き物を売る。

⑤ □《とく》に□□《はったつ》した雲が近づく。

⑥ □《すえ》っ子といっしょに□《お》り紙をする。

⑦ □《まと》の真ん中に□《しるし》をつける。

4 次の漢字の画数を、数字で書きましょう。

一つ2点（8点）

① 競　［　　］画

② 録　［　　］画

③ 選　［　　］画

④ 飛　［　　］画

5 次の□に、上でしめした読み方をする漢字を入れて、じゅく語をかんせいさせましょう。

一つ2点（14点）

① キ　ア 食□　イ □会　ウ 国□

② カン　ア □察　イ □東

③ カ　ア 結□　イ □算

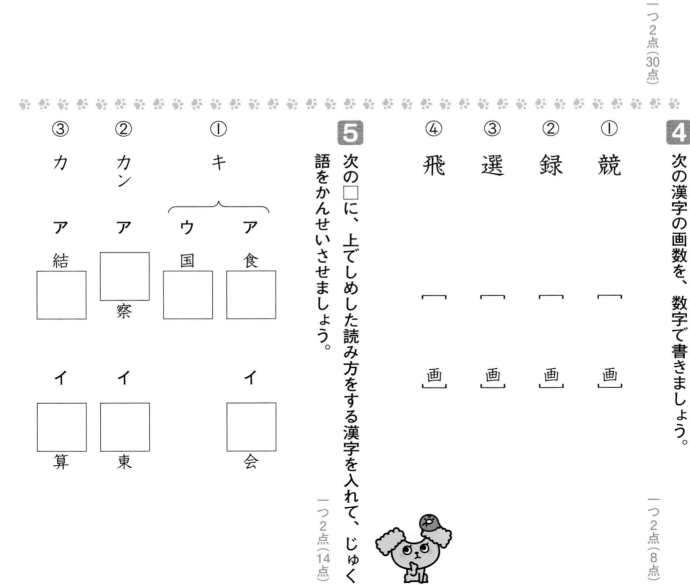

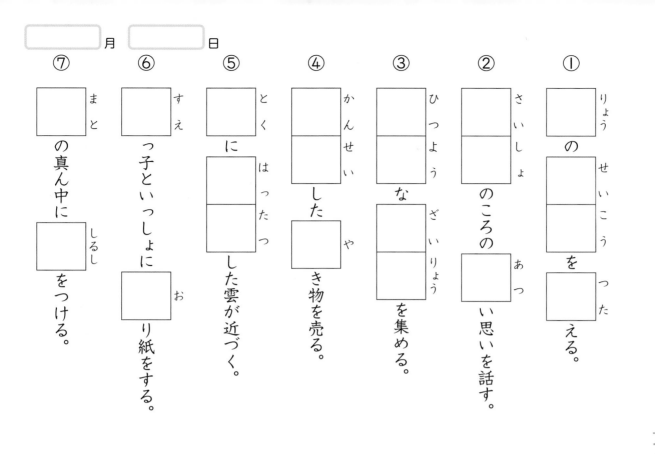

月　日

ぴったり1 じゅんび

お願いやお礼の手紙を書こう

教科書 上116～119ページ

新しく学習する漢字

願 付 協

教科書上116ページ

願

ガン
ねがう

使い方

1 念願《ねんがん》の海外旅行《かいがいりょこう》をする。
2 入学願書《にゅうがくがんしょ》を出《だ》す。
3 願《ねが》い事《ごと》がかなう。

送りがな

願う

頁《おおがい》 19画

教科書上117ページ

付

フ
つける
つく

使い方

1 家《いえ》の付近《ふきん》で遊《あそ》ぶ。
2 申《もう》しこみを受《う》け付《つ》ける。
3 ほこりが付《つ》く。

いろいろな読み方

荷物を送付《そうふ》するのに付《つ》き合《あ》う。

亻《にんべん》 5画

教科書上117ページ

協

キョウ

使い方

1 協力《きょうりょく》して作品《さくひん》を仕上《しあ》げる。
2 外国《がいこく》と協定《きょうてい》を結《むす》ぶ。
3 三年生《さんねんせい》と協同《きょうどう》してそうじをする。

部首

「協」の部首は、「じゅう」だよ。

「力」ではないんだね。

十《じゅう》 8画

漢字クイズ 5

答え15ページ

☆漢字のあみだくじです。動物からスタートして、途《と》中にあるカードを組み合わせて、①～④にできた漢字を書きましょう。

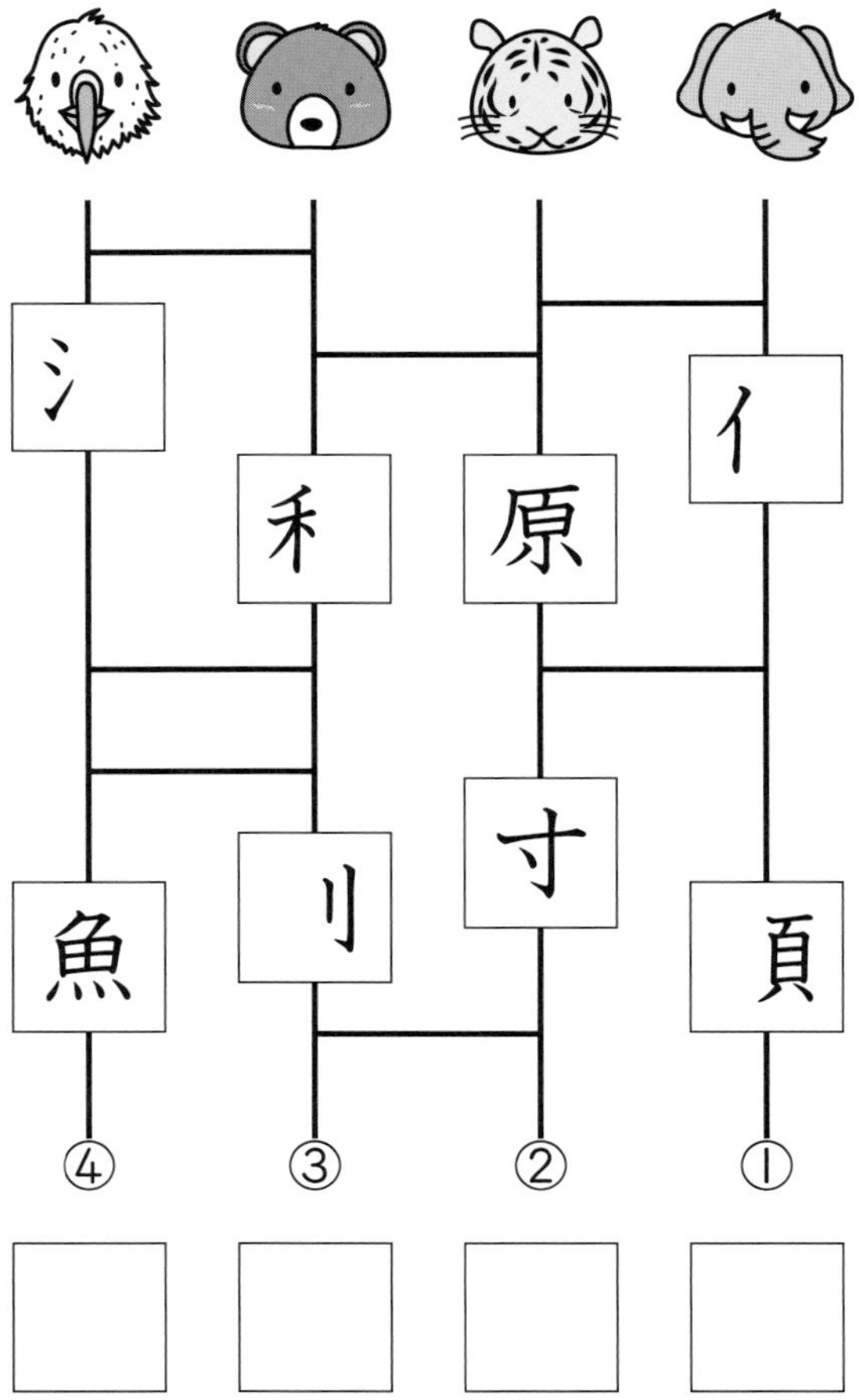

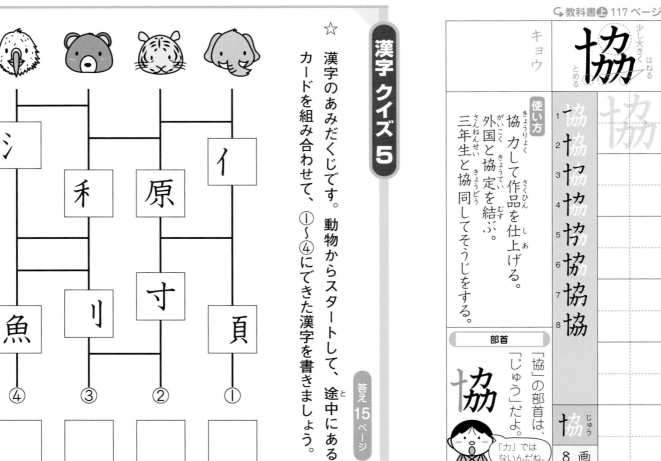

月　日

ぴったり1 じゅんび

ことわざ・故事成語《こ》を使おう

教科書 上120〜123ページ

新しく学習する漢字

積　夫

教科書上 122ページ

積

セキ
つむ
つもる

やや長く　とめる

使い方
長方形《ちょうほうけい》の面積《めんせき》を求《もと》める。
土《つち》を積《つ》んだトラックが走《はし》る。
ちりも積《つ》もれば山《やま》となる。

積（のぎへん）　16画

いろいろな読み方
積極的《せっきょくてき》に積《つ》み木《き》で遊ぶ。

教科書上 122ページ

夫

フ
おっと
◆フウ

下を長く　はらう

使い方
キュリー夫人《ふじん》の伝記《でんき》。
夫婦《ふうふ》で出《で》かける。
わたしの夫《おっと》はやさしい人《ひと》だ。

大《だい》　4画

対《つい》になる言葉
妻《つま》　夫《おっと》

読み方が新しい漢字

漢字	読み方	使い方	前に出た読み方
交	まじわる まじえる まじる まざる まぜる	直線《ちょくせん》が交《まじ》わる	交通《こうつう》

漢字クイズ 6

☆次の漢字の一部には、共通の部首が入ります。共通する部首を□に書きましょう。

答え15ページ

① 会・吉・勺・売 → □

② 央・洛・牙・余 → □

③ 云・昔・可・士 → □

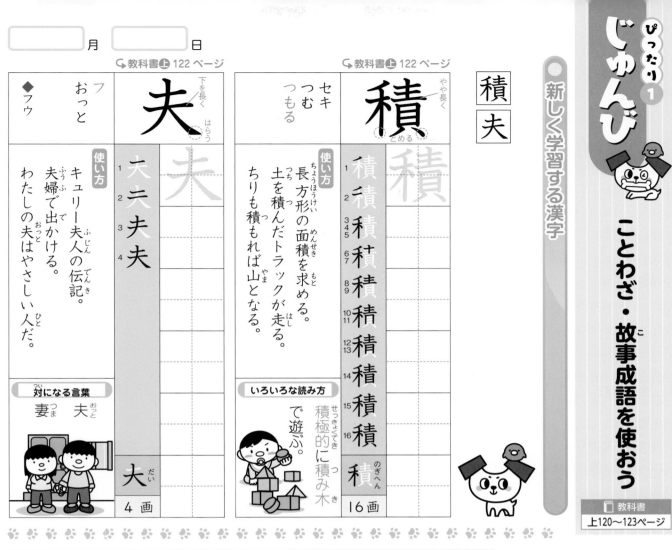

月　日

ぴったり1 じゅんび

クラスで話し合って決めよう　漢字を使おう5

教科書 上124〜131ページ

新しく学習する漢字

以　議　標　群　郡　官　管　富　徒　浴

教科書上 125 ページ

以

イ

向きに注意　はらう　とめる

使い方

五分以内《ごふんいない》に完成《かんせい》させる。
思《おも》った以上《いじょう》の出来《でき》になる。
小学生以下《しょうがくせいいか》は入《はい》れません。

筆順

3画目の向きに気をつけよう！

以（1 2 3 4 5）

以　ひと

5 画

教科書上 125 ページ

議

ギ

わすれない　はねる

使い方

みんなで議《ぎ》ろんして決《き》める。
会議室《かいぎしつ》に集《あつ》まる。
多数決《たすうけつ》で議長《ぎちょう》を選《えら》ぶ。

字の形に注意

議
わすれないでね。

議　ごんべん

20 画

教科書上 127 ページ

標

ヒョウ

「西」にしない　長く　とめる　はねる　とめる

使い方

父《ちち》はぼくが目標《もくひょう》とする人《ひと》だ。
通学路《つうがくろ》に交通標識《こうつうひょうしき》がある。
チョウの標本《ひょうほん》を見《み》る。

字の形に注意

標

「西」と書かないように気をつけよう！

標　きへん

15 画

教科書上 131 ページ

群

グン　むれる　むれ　むら

つき出す　つき出さない

使い方

群馬県内《ぐんまけんない》を流《なが》れる利根川《とねがわ》。
こんにゃくが有名《ゆうめい》な群馬県《ぐんまけん》。
鳥《とり》の群《む》れをながめる。

部首

群

「群」の部首は、「ひつじ」だよ。

群　ひつじ

13 画

教科書上 131 ページ

郡

グン

つき出す　三画で書く　つける

使い方

田畑《たはた》の多《おお》い郡部《ぐんぶ》に向《む》かう。
先生《せんせい》はその郡《ぐん》の出身《しゅっしん》です。
郡内《ぐんない》の村《むら》をおとずれる。

筆順

郡（8 9 10）

8〜10画目に気をつけよう！

郡　おおざと

10 画

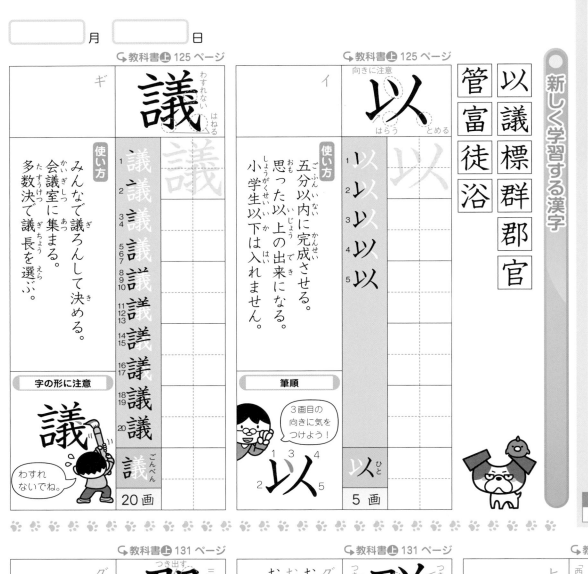

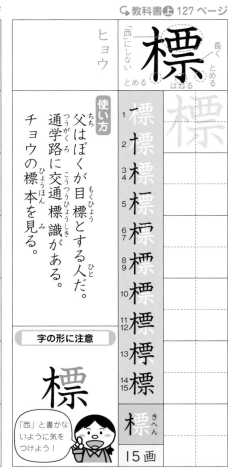

月　日

教科書上 131ページ

官

カン

つける　上より大きく

使い方
警察官《けいさつかん》に道《みち》をたずねる。
食《た》べ物《もの》を消化《しょうか》する器官《きかん》。
官製《かんせい》はがきを買《か》いに行《い》く。

筆順

4画目に注意しよう。

官

うかんむり　8画

教科書上 131ページ

管

カン
くだ

つける　下をやや大きく

使い方
倉庫《そうこ》に保管《ほかん》する。
体《からだ》にはたくさんの血管《けっかん》がある。
ゴムの管《くだ》をつなぐ。

言葉の意味
管楽器《かんがっき》―ふいて音を出す楽器。

たけかんむり　14画

教科書上 131ページ

富

フ
とむ
とみ
◆フウ

たてる　わすれない

使い方
バスで富山《とやま》駅前《えきまえ》まで出《で》かける。
景色《けしき》が変化《へんか》に富《と》む。
富《とみ》がたくわえられる。

字の形に注意
富

4画目をわすれないでね。

うかんむり　12画

教科書上 131ページ

徒

ト

下を長く　はらう　とめる

使い方
兄《あに》が生徒会《せいとかい》の会長《かいちょう》になる。
駅《えき》まで徒歩《とほ》で行《い》く。
全校生徒《ぜんこうせいと》が校庭《こうてい》に集《あつ》まる。

字の形に注意
徒

「彳」ではないので気をつけよう！

ぎょうにんべん　10画

教科書上 131ページ

浴

ヨク
あびる
あびせる

とめる　はらう　向きに注意

使い方
森林浴《しんりんよく》に出《で》かける。
太陽《たいよう》の光《ひかり》を浴《あ》びる。
いっせいに質問《しつもん》を浴《あ》びせる。

いろいろな読み方
海水浴《かいすいよく》に行き、日の光を浴《あ》びる。

さんずい　10画

読み方が新しい漢字

漢字	読み方	使い方	前に出た読み方
音	ね	音《ね》色《いろ》	音《おと》　音読《おんどく》
白	しら	白玉《しらたま》	白《しろ》い　真《ま》っ白《しろ》　空白《くうはく》

月　日

ぴったり2 練習

お願いやお礼の手紙を書こう／ことわざ・故《こ》事成語を使おう／クラスで話し合って決めよう／漢字を使おう5

教科書 上116〜131ページ
答え 7ページ

1 ——線の漢字の読みがなを書きましょう。

① 車で空港付近を通る。（　　）
② 雪が積もる。（　　）
③ 妻《つま》と夫。（　　）
④ 市の議会で話し合う。（　　）
⑤ これからの目標を決める。（　　）
⑥ 多くの人が群がる。（　　）
⑦ すずの音を鳴らす。（　　）
⑧ 想像《ぞう》力に富んでいる。（　　）

2 □に漢字を書きましょう。

① 両親の健康を□《ねが》う。
② 服によごれが□《つ》く。
③ □□《きょうりょく》してそうじをする。
④ 中学生も□《まじ》えて話し合う。
⑤ キュリー□□《ふじん》の伝記を読む。
⑥ 黒石と白石を□《ま》ぜる。
⑦ 土曜日□□《いがい》は早くねる。

⑧ □□《かいぎ》に出席する。
⑨ 鉄道で□《ぐん》馬《ま》県に向かう。
⑩ 重要な書類を保《ほ》□《かん》する。
⑪ チーズは栄養《えいよう》に□《と》んでいる。
⑫ □□□《だいよくじょう》でお湯につかる。
⑬ 妹が□《つ》み木で遊ぶ。
⑭ バスを使わず□□《とほ》で行った。

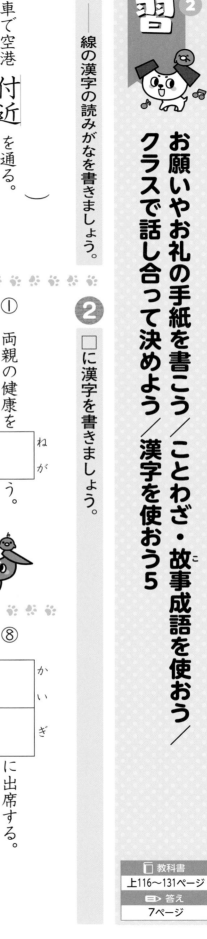

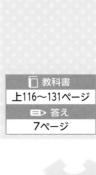

月　日

ぴったり2 練習

お願いやお礼の手紙を書こう／ことわざ・故事《こ》成語を使おう／クラスで話し合って決めよう／漢字を使おう5

教科書 上116〜131ページ
答え 7ページ

1 ――線の漢字の読みがなを書きましょう。

① 長年の**願望**がかなう。（　　　）

② ヒマワリのなえが**根付**く。（　　　）

③ 今年は**積雪量**が多い。（　　　）

④ 羊の**群**れ。（　　　）

⑤ **協議**して対策《さく》を考える。（　　　）

⑥ 二本の線が**交**わる。（　　　）

⑦ 中学校では**生徒会**に参加したい。（　　　）

⑧ シャワーを**浴**びる。（　　　）

2 □に漢字を書きましょう。

① 大人の中に一人子どもが□《ま》じる。

② 正方形の□□《めんせき》を計算する。

③ 町長□□《ふじん》と会う。

④ 参加者が百人□□《いじょう》集まる。

⑤ □□《ぎだい》に取り上げる。

⑥ 交通安全の□□《ひょうご》を考える。

⑦ カモメが海岸に□□《ぐんしゅう》する。

⑧ おばは□□《ぐんぶ》に住んでいる。

⑨ □□□《がいこうかん》を目指す。

⑩ 健康を□□《かんり》する。

⑪ 警《けい》察□《かん》に場所をたずねる。

⑫ 栄養《えいよう》が豊《ほう》□《ふ》な食品。

⑬ 家族で□□□《かいすいよく》に行く。

⑭ □□《しらなみ》を上げる。

文の組み立てと修飾語《しゅうしょくご》

新しく学習する漢字

街　灯　挙　票　卒　貨　沖

教科書 上132〜133ページ

教科書上 133 ページ

街　（つづけて書かない・とめる・とめる・はねる）

ガイ
まち
◆カイ

使い方
近《ちか》くの商店街《しょうてんがい》で買《か》い物《もの》をする。
街灯《がいとう》があると安心《あんしん》だ。
学生《がくせい》の多《おお》い街《まち》。

1 彳 2 彳 3 4 5 往 6 往 7 往 8 往 9 徍 10 街 11 街 12 街

行《ぎょうがまえ・ゆきがまえ》　12画

部首

「街」の部首は、「ぎょうがまえ」だよ。

教科書上 133 ページ

灯　（向きに注意・とめる・はねる）

トウ
◆ひ

使い方
船《ふね》が灯台《とうだい》の光《ひかり》を目印《めじるし》に進《すす》む。
ストーブに灯油《とうゆ》を入《い》れる。
新《あたら》しいけい光灯《こうとう》にかえる。

1 丶 2 丷 3 火 4 火 5 灯 6 灯

火《ひへん》　6画

使い方

電灯《でんとう》のスイッチを切って、消灯《しょうとう》する。

教科書上 133 ページ

挙　（向きに注意・はらう・はねる）

キョ
あげる
あがる

使い方
授業中《じゅぎょうちゅう》は挙手《きょしゅ》をして答《こた》える。
選挙《せんきょ》に出馬《しゅつば》する。
例《れい》を挙《あ》げて説明《せつめい》する。

1 〜 10 挙

手《て》　10画

字の形に注意

「⺍」と書かないように気をつけよう。
挙

教科書上 133 ページ

票　（「西」にしない・長く・とめる・はねる）

ヒョウ

使い方
注文《ちゅうもん》を伝票《でんぴょう》に書《か》く。
一票《いっぴょう》の差《さ》で勝《か》つ。
近《ちか》くの投票所《とうひょうじょ》に向《む》かう。

1 〜 11 票

示《しめす》　11画

形のにた漢字

標語《ひょうご》

投票しよう！

投票《とうひょう》

教科書上 133 ページ

卒　（とめる・長く・出す）

ソツ

使い方
卒業式《そつぎょうしき》に出席《しゅっせき》する。
兄《あに》はゲームを卒業《そつぎょう》した。
弟《おとうと》が卒園《そつえん》する。

1 〜 8 卒

十《じゅう》　8画

反対の意味の言葉

卒業《そつぎょう》

入学式
卒業式

入学

月　日

教科書上 133 ページ

貨

カ

上にはねる　とめる　はらう

使い方

長《なが》い貨物列車《かもつれっしゃ》が走《はし》る。
母《はは》と百貨店《ひゃっかてん》に出《で》かける。
少年《しょうねん》はほうびに金貨《きんか》をもらった。

形のにた漢字

銀貨《ぎんか》
貸《か》す

貝《かい》（こがい）　11画

教科書上 133 ページ

沖

おき　◆チュウ

向きに注意

使い方

沖縄《おきなわ》でシーサーを見《み》た。
沖縄県《おきなわけん》は、もずくの産地《さんち》。
岸《きし》から沖《おき》に向《む》かって泳《およ》ぐ。

字の形に注意

沖

「氵」に「中」をつけると「沖」になるよ。

氵《さんずい》　7画

「通貨」「買う」など、部首が「かい」の漢字は、お金に関するものが多いよ。

漢字クイズ 7

☆ 例を参考に、□に当てはまる漢字を入れましょう。

答え15ページ

上から下、左から右に読みましょう。

例　当↓番↓号、順→番→人

① 成↓□↓肉、結→□→実

② 勝↓□↓北、全→□→者

③ 考↓□↓内、図→□→外

④ 投↓□↓決、一→□→数

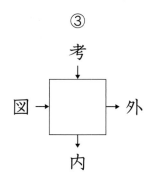

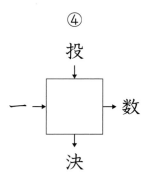

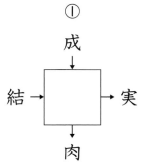

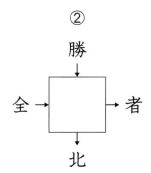

月　日

ぴったり1 じゅんび

一つの花／漢字を使おう6

教科書 上134～147ページ

新しく学習する漢字

戦 争 給 飯 帯 泣 軍 兵 隊 輪 景 浅 底 散 児

教科書上 136 ページ

戦

セン
たたかう
◆いくさ

向きに注意　わすれない　はねる　とめる

使い方
野球《やきゅう》の試合《しあい》を観戦《かんせん》する。
新《あたら》しいことにちょう戦《せん》する。
赤組《あかぐみ》と白組《しろぐみ》が戦《たたか》う。

1〜13（筆順）

ほこがまえ　ほこづくり

13画

いろいろな読み方
みんなで作戦《さくせん》を考えて戦《たたか》う。

教科書上 136 ページ

争

ソウ
あらそう

「マ」にしない　出す　はねる

使い方
戦争《せんそう》のない世界《せかい》をつくる。
競争相手《きょうそうあいて》に勝《か》つ。
友達《ともだち》と言《い》い争《あらそ》う。

1〜6（筆順）

はねぼう

6画

送りがな

争
う

教科書上 136 ページ

給

キュウ

はらう　とめる

使い方
学校《がっこう》で給食《きゅうしょく》を食《た》べる。
車《くるま》にガソリンを給油《きゅうゆ》する。
水《みず》が止《と》まり、給水車《きゅうすいしゃ》が来《く》る。

1〜12（筆順）

いとへん

12画

使い方
自給自足《じきゅうじそく》で作った野菜《さい》を給食《きゅうしょく》で使う。

教科書上 137・138 ページ

飯

ハン
めし

「食」にしない　はらう

使い方
合格祝《ごうかくいわ》いに赤飯《せきはん》を食《た》べる。
夕飯《ゆうはん》のしたくをする。
昼飯《ひるめし》を食《た》べてから出《で》かける。

1〜12（筆順）

しょくへん

12画

字の形に注意

飯
「食」と書きまちがえないようにしよう。

教科書上 139 ページ

帯

タイ
おびる
おび

つき出さない　はねる　とめる

使い方
足首《あしくび》に包帯《ほうたい》をまく。
夕日《ゆうひ》で赤《あか》みを帯《お》びた空《そら》。
着物《きもの》の帯《おび》をきつくしめる。

1〜10（筆順）

はば

10画

字の形に注意

「𠀋」の形をしっかり覚えよう！
帯

教科書上 139ページ

泣

なく
◆キュウ

向きに注意　長く

使い方

感動《かんどう》して泣《な》く。
泣《な》き虫《むし》とよく言《い》われる。
赤《あか》ちゃんが泣《な》き始《はじ》めた。

泣《さんずい》　8画

言葉の使い分け

泣《な》く―人がなくこと。
鳴く―動物がなくこと。

教科書上 139ページ

軍

グン

「亠」にしない　長く

使い方

各国《かっこく》の軍隊《ぐんたい》が行進《こうしん》する。
祖父《そふ》は軍人《ぐんじん》だった。
軍手《ぐんて》をして草《くさ》むしりをする。

車《くるま》　9画

形のにた漢字

軍手《ぐんて》
運ぶ

教科書上 140ページ

兵

ヘイ
ヒョウ

長く　あける　とめる

使い方

たくさんの兵士《へいし》を集《あつ》める。
化学兵器《かがくへいき》をなくそう。
強《つよ》い兵力《へいりょく》をもつ国《くに》。

八《は》　7画

字の形に注意

兵
5画目は長く書こう！

教科書上 140ページ

隊

タイ

あける　はらう　はねる

使い方

音楽隊《おんがくたい》の一員《いちいん》となる。
隊長《たいちょう》を先頭《せんとう》に歩《ある》く。
消防隊《しょうぼうたい》が火事《かじ》にかけつける。

阝《こざとへん》　12画

字の形に注意

まちがえやすいので注意しよう。
隊

教科書上 141ページ

輪

リン
わ

わすれない　つき出さない　はねる　とめる

使い方

自転車《じてんしゃ》の車輪《しゃりん》を新《あたら》しくする。
バラを一輪《いちりん》かざる。
青《あお》い首輪《くびわ》をした犬《いぬ》。

車《くるまへん》　15画

字の形に注意

輪

「用」ではないよ！

教科書上 145ページ

景

ケイ

わすれない　とめる　はねる

使い方

くじ引《び》きの景品《けいひん》をもらう。
美《うつく》しい風景《ふうけい》が広《ひろ》がる。
きれいな夜景《やけい》を見《み》る。

日《ひ》　12画

言葉の意味

景勝《けいしょう》―景色《けしき》がよいこと。

教科書上 147ページ

浅

わすれない　向きに注意　はねる

◆セン
あさい

使い方
浅《あさ》い川《かわ》で水遊《みずあそ》びをする。
浅《あさ》せでカニをつかまえる。
転校《てんこう》してから日《ひ》が浅《あさ》い。

筆順：1 2 3 4 5 6 7 8 9

浅　さんずい

9画

反対の意味の言葉

浅《あさ》い
深い

教科書上 147ページ

底

つける　わすれない　はねる

テイ
そこ

使い方
湖底《こてい》の様子《ようす》を調《しら》べる。
谷底《たにぞこ》に物《もの》を落《お》とす。
底力《そこぢから》を出《だ》して勝利《しょうり》する。

筆順：1 2 3 4 5 6 7 8

广　まだれ

8画

字の形に注意

底
わすれないでね。

教科書上 147ページ

散

「夂」にしない　とめる　はねる

サン
ちる
ちらす
ちらかす
ちらかる

使い方
近《ちか》くを散歩《さんぽ》する。
さくらの花《はな》が散《ち》る。
散《ち》らかった部屋《へや》をかたづける。

筆順：1 2 3 4 5 6 7 8 9 10 11 12

攵　のぶん　ぼくづくり

12画

反対の意味の言葉

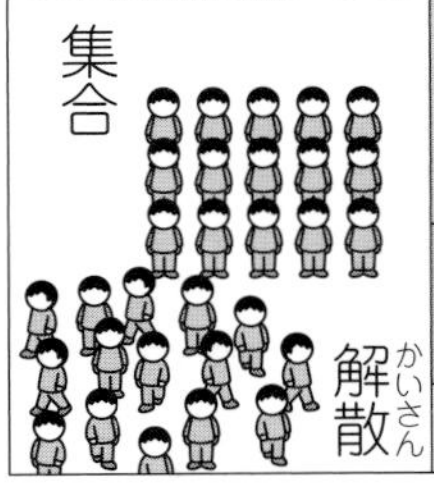

集合
解散《かいさん》

教科書上 147ページ

児

「口」にしない　つけない　上にはねる

ジ
◆ニ

使い方
おばは育児《いくじ》でいそがしい。
児童会《じどうかい》に参加《さんか》する。
明日《あす》は園児《えんじ》と遊《あそ》ぶ。

筆順：1 2 3 4 5 6 7

儿　ひとあし　にんにょう

7画

筆順

1画目に気をつけよう！
児

読み方が新しい漢字

漢字	読み方	使い方	前に出た読み方
頭	ズ	頭上《ずじょう》を見《み》る	頭《あたま》・二十頭《にじっとう》
青	セイ	好青年《こうせいねん》	青《あお》い
後	コウ	前半《ぜんはん》と後半《こうはん》	後《うし》ろ・後《あと》・午後《ごご》
形	ギョウ	人形《にんぎょう》で遊《あそ》ぶ	形《かたち》・山形《やまがた》・四角形《しかくけい》
下	カ	地下《ちか》に下《お》りる	下《した》・上下《じょうげ》・下《お》ろす・下《さ》がる・下《くだ》る・下手《へた》
犬	ケン	番犬《ばんけん》のいる家《いえ》	犬《いぬ》

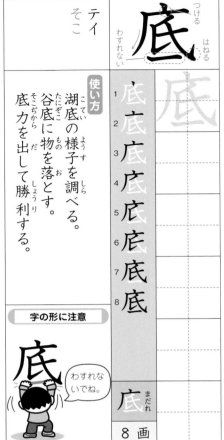

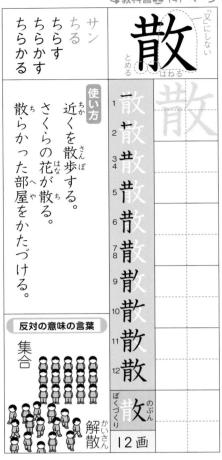

月　　日

ぴったり2 練習

文の組み立てと修飾語《しゅうしょく》／一つの花／漢字を使おう6

教科書 上132～147ページ
答え 7ページ

1 ――線の漢字の読みがなを書きましょう。

① 街 の中を車が走る。（　　）
② 賛《さん》成の 挙手 を求める。（　　）
③ 足に 包帯 をまく。（　　）
④ 防空《ぼうくう》 頭 きんをかぶる。（　　）
⑤ 四年生 以下 の生徒が集められる。（　　）
⑥ 海底 深くにしずむ。（　　）
⑦ 部屋を 散 らかす。（　　）
⑧ 犬種 をたずねる。（　　）

2 □に漢字を書きましょう。

① □□□《ひゃっかてん》で買い物をする。
② 夕ぐれに□□《がいとう》がともる。
③ 選挙で□《ひょう》を集める。
④ □□□《そつぎょうしき》に出席する。
⑤ 海の□《おき》まで泳ぐ。
⑥ □□《せんそう》に反対する。
⑦ 米が□□《はいきゅう》される。

⑧ □□《ゆうはん》を食べる。
⑨ 妹が□《な》き顔になる。
⑩ □□《ぐんか》が聞こえてくる。
⑪ 強いチームと□《たたか》う。
⑫ □□《へいたい》が行進する。
⑬ 花が□□《いちりん》さいている。
⑭ 福引きで□□《けいひん》をもらう。

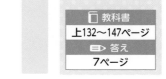

月　日

ぴったり2 練習

文の組み立てと修飾《しゅうしょく》語／一つの花／漢字を使おう6

1 ――線の漢字の読みがなを書きましょう。

① 争いをしずめる。（　）

② 昼飯を作る。（　）

③ 屋上から見る夜景はすばらしい。（　）

④ さわやかな青年に出会う。（　）

⑤ 人形を着せかえて遊ぶ。（　）

⑥ 貯《ちょ》金が底をつく。（　）

⑦ 部屋を散らかす。（　）

⑧ 園児が元気に遊んでいる。（　）

2 □に漢字を書きましょう。

① □□□《しがいち》に住んでいる。

② 手を□《あ》げて発言する。

③ 選挙の□□《かいひょう》が始まる。

④ 日本の□□《つうか》は円だ。

⑤ □□《きゅうしょく》の係になる。

⑥ 鳥が□□《ずじょう》高く飛ぶ。

⑦ 丸みを□《お》びた石を拾う。

⑧ □《わ》になっておどる。

⑨ 試《し》合の□□《こうはん》に点を入れる。

⑩ 水の深さが□《あさ》い場所で泳ぐ。

⑪ 妹が大声で□《な》く。

⑫ 公園を□□《さんぽ》する。

⑬ 田中さんは□□《あいけん》家だ。

⑭ □□□□《じどうしゅうかい》を開く。

教科書 上132～147ページ
答え 7ページ

月　日

ぴったり1 じゅんび

くらしの中の和と洋

新しく学習する漢字

衣　置　差　節　単

教科書　下8〜18ページ

教科書下 10ページ

衣

イ

◆ころも

はらう

使い方

すてきな衣《い》しょうを着《き》る。

こう衣室《いしつ》で水着《みずぎ》に着《き》がえる。

先生《せんせい》が白衣《はくい》を身《み》に着《つ》ける。

1 2 3 4 5 6 衣

衣（ころも）　6画

字の形に注意

衣

バランスよく書こう！

教科書下 10ページ

置

チ

おく

「四」にしない　「日」にしない

使い方

部屋《へや》にクーラーを設置《せっち》する。

つくえの上《うえ》に本《ほん》を置《お》く。

物置小屋《ものおきごや》にはしごをしまう。

1〜13 置

罒（あみがしら・あみめ・よこめ）　13画

字の形に注意

「四」ではないので気をつけよう。

置

教科書下 12ページ

差

サ

さす

つけるところに注意　長く　長く

使い方

兄《あに》と身長《しんちょう》の差《さ》があまりない。

交差点《こうさてん》で友達《ともだち》と別《わか》れる。

手紙《てがみ》を差《さ》し出《だ》す。

1〜10 差

工（たくみ・え）　10画

いろいろな読み方

大差《たいさ》で勝ったチームに差《さ》し入《い》れをする。

教科書下 13ページ

節

セツ

ふし

◆セチ

向きに注意　「艮」にしない　はねる　とめる

使い方

おこづかいを節約《せつやく》する。

節分《せつぶん》に豆《まめ》をまく。

竹《たけ》の節《ふし》を数《かぞ》える。

1〜13 節

⺮（たけかんむり）　13画

字の形に注意

節

「艮」ではないよ！

「阝」でもないよ！

教科書下 14ページ

単

タン

向きに注意　長く

使い方

単語《たんご》の意味《いみ》を調《しら》べる。

答《こた》えは単位《たんい》をつけて書《か》く。

簡単《かんたん》な方法《ほうほう》を選《えら》ぶ。

1〜9 単

⺍（つかんむり）　9画

反対の意味の言葉

単発《たんぱつ》

連発《れんぱつ》

月　日

読み方が新しい漢字

漢字	読み方	使い方	前に出た読み方
米	ベイ	米飯《べいはん》を食《た》べる	米《こめ》

「置」の画数に気をつけましょう。

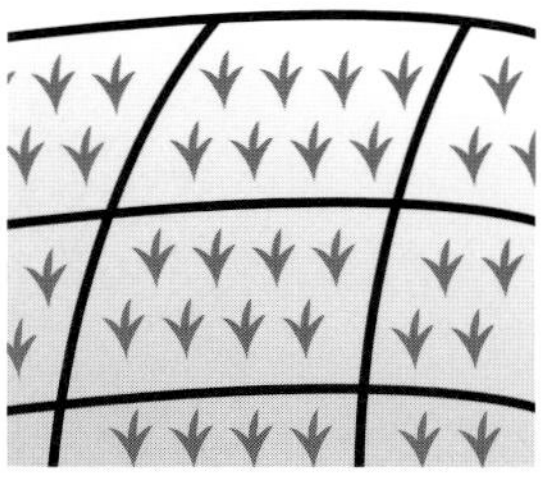

漢字クイズ8

☆文に合う漢字を選んで、□に書きましょう。

① {衣　服} 料品売り場は三階です。

□

② 広大な {飯　米} 作地帯が広がる。

□

③ 新しい本だなを設《せっ》 {拾　置} する。

□

後ろの漢字とつなげて読んでみよう。

じゅく語の意味を考えよう。

答え15ページ

月　　日

ぴったり1 じゅんび

「和と洋新聞」を作ろう
つなぐ言葉

教科書 下22～29ページ

新しく学習する漢字

栄　養　塩　無　産　省　照　祝　試　熊　鹿

教科書下23ページ

栄

エイ　さかえる
◆はえ
◆はえる

向きに注意　とめる　はらう

使い方
金《きん》メダルの栄光《えいこう》にかがやく。
たくさん栄養《えいよう》をとる。
米作《こめづく》りで村《むら》が栄《さか》える。

部首：木《き》
9画

教科書下23ページ

養

ヨウ　やしなう

長く

使い方
教養《きょうよう》を身《み》に付《つ》ける。
長《なが》い休養《きゅうよう》を取《と》る。
体力《たいりょく》を養《やしな》う。

部首：食《しょく》
15画

送りがな：養 な う

教科書下23ページ

塩

エン　しお

「日」にしない

使い方
塩分《えんぶん》をひかえめに料理《りょうり》する。
こい食塩水《しょくえんすい》を作《つく》る。
海水《かいすい》は塩《しお》からい。

部首：土《つちへん》
13画

字の形に注意：塩

教科書下23ページ

無

ム　ブ　ない

長く　向きに注意

使い方
年中無休《ねんじゅうむきゅう》の店《みせ》に行《い》く。
旅行《りょこう》から無事《ぶじ》に帰《かえ》る。
何《なに》も無《な》い部屋《へや》。

部首：灬《れんが・れっか》
12画

反対の意味の言葉：無料《むりょう》 ⇔ 有料

教科書下23ページ

産

サン　うむ　うまれる
◆うぶ

下を長く　長めに　はらう

使い方
国内《こくない》で生産《せいさん》される。
にわとりがたまごを産《う》む。
赤《あか》んぼうが産《う》まれる。

部首：产《うまれる》
11画

送りがな：産 ま れ る

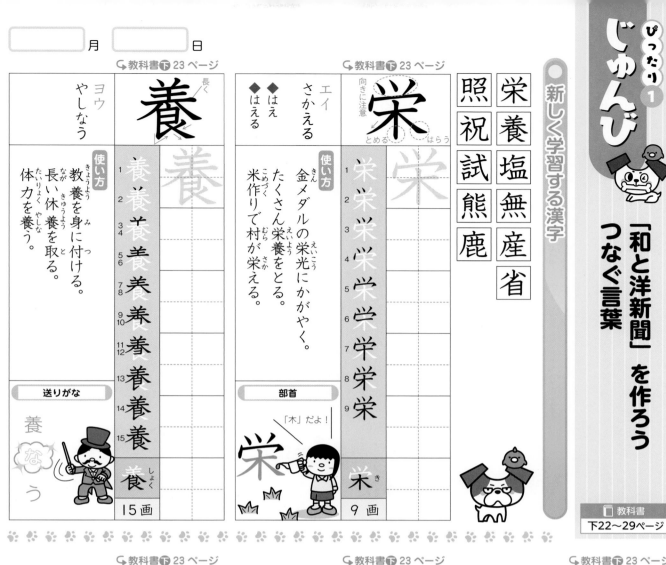

月　日

教科書下23ページ

省

セイ
ショウ
はぶく
◆かえりみる

つける　はねる　「日」にしない

使い方
反省《はんせい》をしてあやまる。
長《なが》い文《ぶん》を省略《しょうりゃく》して書《か》く。
むだを省《はぶ》く。

字の形に注意

省

「日」ではないよ！

省　9画

教科書下28ページ

照

ショウ
てる
てらす
てれる

はねる　向きに注意

使い方
照明《しょうめい》のスイッチをつける。
少《すこ》し日《ひ》が照《て》る。
大好《だいす》きな子《こ》の前《まえ》で照《て》れる。

いろいろな読み方
照明《しょうめい》で主人公を照《て》らす。

れっか（れんが）　13画

教科書下28ページ

祝

シュク
いわう
◆シュウ

ななめに　上にはねる

使い方
いとこの結《けっ》こんを祝福《しゅくふく》する。
祝日《しゅくじつ》に出《で》かける。
祝《いわ》いの言葉《ことば》をのべる。

字の形に注意

「ネ」と書かないように気をつけよう！

祝

しめすへん　9画

教科書下29ページ

試

シ
こころみる
◆ためす

わすれない　はねる

使い方
算数《さんすう》の試験《しけん》を受《う》ける。
スーパーで試食《ししょく》する。
新《あたら》しい方法《ほうほう》を試《こころ》みる。

送りがな

試
み
る

ごんべん　13画

教科書下29ページ

熊

くま

向きに注意　はねる

使い方
熊本県《くまもとけん》でお城《しろ》を見《み》た。
トマトの生産《せいさん》で有名《ゆうめい》な熊本《くまもと》。
日本《にほん》には二種類《にしゅるい》の熊《くま》がいる。

部首
「熊」の部首は「れんが」だよ。

熊

れっか（れんが）　14画

教科書下29ページ

鹿

しか
か

はねる

使い方
鹿児島《かごしま》の桜島《さくらじま》大根は大きい。
鹿児島県《かごしまけん》は多《おお》くの島《しま》を有《ゆう》する。
鹿《しか》の角《つの》は一年《いちねん》で生《は》えかわる。

漢字のれきし
神社にいる鹿《しか》は神の使いといわれているよ。

鹿《しか》　11画

月　日

ぴったり2 練習

くらしの中の和と洋
「和と洋新聞」を作ろう
つなぐ言葉

教科書 下8～29ページ
答え 8ページ

1 ――線の漢字の読みがなを書きましょう。

①（　） 衣料品の売り場がある。

②（　） 先生は欧《おう》米の生まれだ。

③（　） テーブルに花びんを置く。

④（　） 前を走る人との差が広がる。

⑤（　） 竹にはいくつもの節がある。

⑥（　） 書店で単行本を買う。

⑦（　） 文明が栄える。

⑧（　） 家族を養うために働く。

2 □に漢字を書きましょう。

① □□《はくい》に着がえる。

② このあたりは□□《べいさく》地帯だ。

③ 地図で□□《いち》をたしかめる。

④ 暗がりに光が□《さ》す。

⑤ 二月三日は□□《せつぶん》の日。

⑥ すでに学習した□□《たんげん》。

⑦ □□《えいよう》を考えた食事を作る。

⑧ 秋物の□□《いふく》。

⑨ おもちゃの□《お》き場所がない。

⑩ □□□《いってんさ》で試合に勝つ。

⑪ かつお□《ぶし》をかける。

⑫ □□□《えいたんご》を覚える。

⑬ 駅ができて町が□《さか》える。

⑭ 本を読むと心が□《やしな》われる。

月　　日

ぴったり2 練習

くらしの中の和と洋
「和と洋新聞」を作ろう
つなぐ言葉

教科書 下8～29ページ
答え 8ページ

1 ——線の漢字の読みがなを書きましょう。

① 塩味のおにぎり。（　　）

② 無形文化遺《い》産に登録される。（　　）

③ 全国の名産品を集める。（　　）

④ 農林水産省で働く。（　　）

⑤ 母のたん生日を祝う。（　　）

⑥ 野球の試合が始まる。（　　）

⑦ 家まで無事に帰った。（　　）

⑧ たまごを産む。（　　）

2 □に漢字を書きましょう。

① 食事の□□《えんぶん》をひかえる。

② お金が□《な》いのでがまんする。

③ 赤ちゃんを□□《しゅっさん》する。

④ 細かい説明を□《はぶ》く。

⑤ 部屋の□□《しょうめい》をつける。

⑥ 海の日は□□《しゅくじつ》だ。

⑦ もう一度□《こころ》みる。

⑧ 登山をするときは□《くま》に注意する。

⑨ □《しか》は神の使いとされる。

⑩ 魚に□《しお》をふって焼く。

⑪ □□《むり》をしない方がよい。

⑫ □□《こくさん》の肉を買う。

⑬ □□《はんせい》して心を入れかえる。

⑭ 夕日に□《て》らされる。

ぴったり1 じゅんび

聞いてほしいな、こんな出来事

教科書 下30〜33ページ

月　　日

新しく学習する漢字

残
不

教科書下31ページ

残

ザン
のこる
のこす

わすれない　はねる　はらう

使い方

君《きみ》に会《あ》えなくて残念《ざんねん》だ。
うでにきずが残《のこ》る。
ご飯《はん》を少《すこ》し残《のこ》す。

1〜10（筆順）

かばねへん
いちたへん

10画

字の形に注意

わすれないでね！

残

教科書下31ページ

不

ブ
フ

つけない　とめる

使い方

不注意《ふちゅうい》でけがをする。
不便《ふべん》な所《ところ》に住《す》む。
不器用《ぶきよう》な人《ひと》。

1〜4（筆順）

いち

4画

反対の意味の言葉

不作《ふさく》

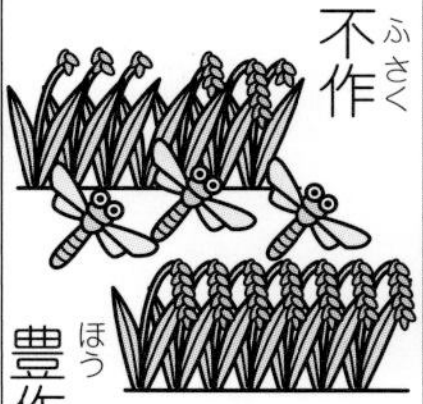

豊作《ほうさく》

漢字クイズ9

☆総《そう》画数が同じ漢字に○をつけましょう。

① 残
（　）勉　（　）動　（　）乗

② 不
（　）丸　（　）万　（　）五

③ 差
（　）浅　（　）隊　（　）郡

④ 選
（　）群　（　）標　（　）議

答え15ページ

別の漢字でもクイズをつくってみよう。

しんにょうの画数に気をつけよう。

月　日

ぴったり1 じゅんび

じゅく語の意味

新しく学習する漢字

冷　低　満　未
老　良　陸　改

教科書 下34〜35ページ

教科書 下 34 ページ

冷

レイ
つめたい
ひえる
ひや
ひやす
ひやかす
さめる
さます

はらう　「氵」にしない

使い方

冷《れい》ぞう庫《こ》にお茶《ちゃ》を入《い》れる。
夜風《よかぜ》がとても冷《つめ》たい。
すいかを川《かわ》で冷《ひ》やす。

冷 にすい　7画

反対の意味の言葉

冷《つめ》たい
熱い

教科書 下 34 ページ

低

テイ
ひくい
ひくめる
ひくまる

はねる　とめる　わすれない

使い方

低学年《ていがくねん》から入場《にゅうじょう》する。
冬《ふゆ》は気温《きおん》が低《ひく》い。
声《こえ》を低《ひく》めて話《はな》す。

亻 にんべん　7画

反対の意味の言葉

高い
低《ひく》い

教科書 下 35 ページ

満

マン
みちる
みたす

向きに注意　上を長く　はねる　とめる

使い方

テストの結果《けっか》に満足《まんぞく》する。
満員電車《まんいんでんしゃ》に乗《の》る。
満《み》ち足《た》りた生活《せいかつ》を送《おく》る。

氵 さんずい　12画

反対の意味の言葉

満足《まんぞく》
不満《ふまん》

教科書 下 35 ページ

未

ミ

下を長く　はらう　とめる

使い方

未来《みらい》のことは分《わ》からない。
出発《しゅっぱつ》の時間《じかん》は未定《みてい》です。
未知《みち》の生物《せいぶつ》に出会《であ》う。

木 き　5画

反対の意味の言葉

未成年《みせいねん》
成年

教科書 下 35 ページ

老

ロウ
おいる
◆ふける

長く　上にはねる

使い方

老人《ろうじん》に席《せき》をゆずる。
敬老《けいろう》の日《ひ》にプレゼントをする。
年老《としお》いた祖母《そぼ》を心配《しんぱい》する。

耂 おいかんむり おいがしら　6画

いろいろな読み方

老《お》いた犬の歯が老化《ろうか》する。

月　日

教科書下35ページ

良

立てる　はらう

リョウ
よい

使い方
良心《りょうしん》にしたがって行動《こうどう》する。
改良《かいりょう》を重《かさ》ねた製品《せいひん》。
最《もっと》も良《よ》い方法《ほうほう》を考《かんが》える。

1 2 3 4 5 6 7（筆順）

良　ねづくり　こんづくり
7画

反対の意味の言葉

良《よ》い
悪い

教科書下35ページ

陸

下を長く　三画で書く　とめる

リク

使い方
飛行機《ひこうき》が着陸《ちゃくりく》する。
陸上選手《りくじょうせんしゅ》にあこがれる。
新大陸《しんたいりく》を発見《はっけん》する。

1 2 3 4 5 6 7 8 9 10 11（筆順）

阝　こざとへん
11画

反対の意味の言葉

陸《りく》
海

教科書下35ページ

改

あける　とめる　はらう

カイ
あらためる
あらたまる

使い方
駅《えき》の改札口《かいさつぐち》で待《ま》ち合《あ》わせる。
改《あらた》めてうかがいます。
改《あらた》まった顔《かお》をする。

1 2 3 4 5 6 7（筆順）

攵　のぶん　ぼくづくり
7画

送りがな

読み方が新しい漢字

漢字	読み方	使い方	前に出た読み方
右	ウ	道《みち》を右折《うせつ》する	右足《みぎあし》　左右《さゆう》
知	チ	知人《ちじん》に会《あ》う	知《し》る
父	フ	父母《ふぼ》と話《はな》す	父《ちち》
母	ボ	老母《ろうぼ》とくらす	母《はは》
言	ゴン	伝言《でんごん》をたのむ	言《い》う　言葉《ことば》　助言《じょげん》

「阝」の形は、漢字の左に付くと「こざとへん」、右に付くと「おおざと」です。

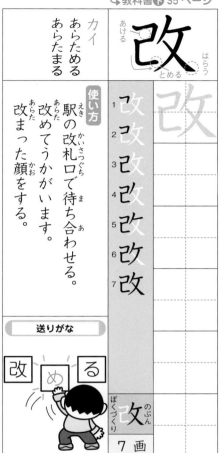

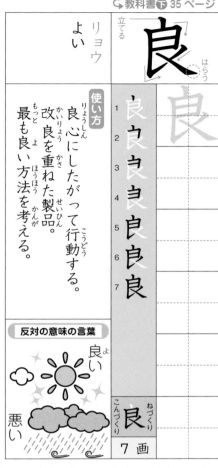

月　日

ぴったり2 練習

聞いてほしいな、こんな出来事
じゅく語の意味

教科書 下30～35ページ
答え 8ページ

1 ―線の漢字の読みがなを書きましょう。

①（　）さいふの残金をたしかめる。
②（　）寒冷な地方もようやく春になる。
③（　）音の高低を聞き分ける。
④（　）次の十字路を右折する。
⑤（　）身のきけんを感知する。
⑥（　）父母といっしょに出かける。
⑦（　）森の中で老人と出会う。
⑧（　）海から陸にあがる。

2 □に漢字を書きましょう。

① きのうの□《のこ》り物を食べる。
② 人手が□□《ふそく》している。
③ 熱いお茶を□《さ》ます。
④ 鳥が□《ひ》く飛んでいる。
⑤ テストで□□《まんてん》をとる。
⑥ □□《みらい》の社会を予想する。
⑦ □《お》いた母をみまう。

⑧ 気持ちの□《よ》い朝だ。
⑨ 月面□□《ちゃくりく》を成しとげた。
⑩ 父から□□《でんごん》をあずかる。
⑪ 文章を□□《かいぎょう》して書く。
⑫ □□□《ぶきみ》な音がする。
⑬ □《つめ》たいゼリーを食べる。
⑭ 体調は□□《りょうこう》だ。

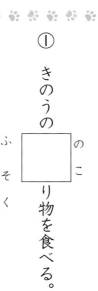

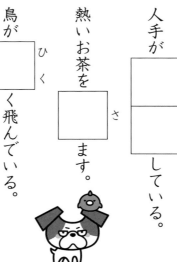

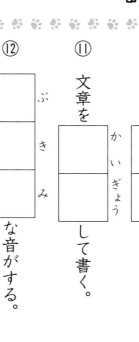

月　　日

ぴったり1 じゅんび

ごんぎつね

新しく学習する漢字

城　辺　菜　井　松
側　念　縄　固

教科書　下36～58ページ

教科書下38ページ

城

わすれない　上へはねる　はねる

ジョウ
しろ

使い方
城下町《じょうかまち》を歩《ある》く。
城内《じょうない》を見学《けんがく》する。
城《しろ》あとに公園《こうえん》を造《つく》る。

筆順：1〜9

城　つちへん
9画

漢字の覚え方

土で成った城《しろ》。

教科書下38ページ

辺

つき出さない　はねる

ヘン
あたり
べ

使い方
二《ふた》つの辺《へん》の長《なが》さが同《おな》じ三角形《さんかくけい》。
辺《あた》りが暗《くら》くなる。
水辺《みずべ》に鳥《とり》がいる。

筆順：1〜5

辺　しんにょう（しんにゅう）
5画

字の形に注意

辺

教科書下39ページ

菜

向きに注意　とめる　はらう

サイ
な

使い方
色《いろ》とりどりの野菜《やさい》がならぶ。
家庭菜園《かていさいえん》でトマトを作《つく》る。
菜《な》の花畑《はなばたけ》を見《み》に行《い》く。

筆順：1〜11

菜　くさかんむり
11画

いろいろな読み方

菜《な》の花《はな》は野菜《やさい》としても食べられます。

教科書下44ページ

井

下を長く　とめる

い
◆セイ
◆ショウ

使い方
福井県《ふくいけん》のきょうりゅうの化石《かせき》。
父《ちち》の眼鏡《めがね》は福井《ふくい》で作《つく》られた。
井戸《いど》をほる。

筆順：1〜4

井　に
4画

部首

「井」の部首は、「二」だよ。

井

教科書下49ページ

松

あける　とめる

ショウ
まつ

使い方
松竹梅《しょうちくばい》の絵《え》をかく。
目《め》の前《まえ》に松林《まつばやし》が広《ひろ》がる。
正月《しょうがつ》に家《いえ》の前《まえ》に門松《かどまつ》を置《お》く。

筆順：1〜8

松　きへん
8画

使い方

松林《まつばやし》を松葉《まつば》づえをついて歩く。

教科書下50ページ

側

ソク
がわ〈かわ〉

とめる　はねる

使い方

箱《はこ》の側面《そくめん》がへこむ。
大臣《だいじん》が側近《そっきん》をともなって外出《がいしゅつ》する。
両側《りょうがわ》のドアを開《あ》ける。

部首

「側」の部首は、「にんべん」だよ。

側

亻 にんべん　11画

教科書下52ページ

念

ネン

つける　はねる

使い方

念入《ねんい》りにそうじする。
雨《あめ》で中止《ちゅうし》になって残念《ざんねん》だ。
学校《がっこう》の創立記念日《そうりつきねんび》。

言葉の意味

念《ねん》をおす
まちがいがないかをたしかめること。

心 こころ　8画

教科書下54ページ

縄

なわ
◆ジョウ

上より大きく　はねる　とめる

使い方

沖縄《おきなわ》のさとうきび畑《ばたけ》。
ニガウリで有名《ゆうめい》な沖縄県《おきなわけん》。
弟《おとうと》が縄《なわ》とびの練習《れんしゅう》をしている。

字の形に注意

縄

糸 いとへん　15画

教科書下54ページ

固

コ
かためる
かたまる
かたい

あける

使い方

台《だい》に固定《こてい》する。
土《つち》を固《かた》めてだんごを作《つく》る。
友達《ともだち》と固《かた》い約束《やくそく》をかわす。

いろいろな読み方

ねんどで固《かた》めて、固定《こてい》する。

囗 くにがまえ　8画

読み方が新しい漢字

漢字	読み方	使い方	前に出た読み方
家	や	わが家《や》は新《あたら》しい	家《いえ》 発明家《はつめいか》
思	シ	不思議《ふしぎ》な世界《せかい》	思《おも》う

月　日

ぴったり2

練習

ごんぎつね

教科書 下36〜58ページ
答え 8ページ

1 ――線の漢字の読みがなを書きましょう。

① この辺りは昔 城下町 だった。（　　）

② 野菜 たっぷりのスープ。（　　）

③ ひゃくしょう 家 がたっている。（　　）

④ 井戸 の水をくむ。（　　）

⑤ 松 竹梅《ばい》のめでたい絵。（　　）

⑥ 大臣《だいじん》の 側近 をつとめる。（　　）

⑦ 友人と 固 い約束をかわす。（　　）

⑧ 南側 は日当たりがよい。（　　）

2 □に漢字を書きましょう。

① お□《しろ》の中を見学する。

② 三角形の□□《ていへん》。

③ □《な》の花が風にゆれる。

④ □《まつ》たけが店にならぶ。

⑤ □□□《ふしぎ》な出来事。

⑥ お□《ねん》仏《ぶつ》をとなえる。

⑦ □□《おきなわ》県の海で泳ぐ。

⑧ テープでしっかり□□《こてい》する。

⑨ □□□《じょうかまち》でくらす。

⑩ □《あた》りを見回す。

⑪ なべで□□《はくさい》をにる。

⑫ わが□《や》は大家族だ。

⑬ 箱の□□《そくめん》に印をつける。

⑭ 紙ねんどを□《かた》める。

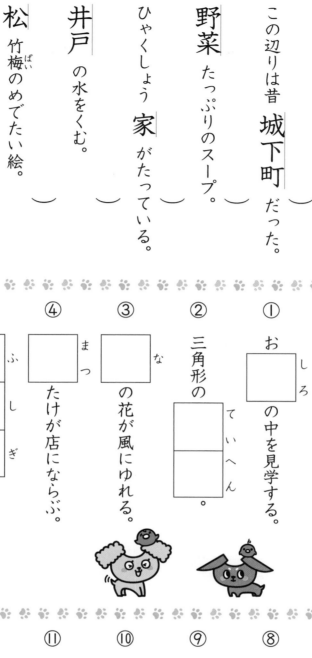

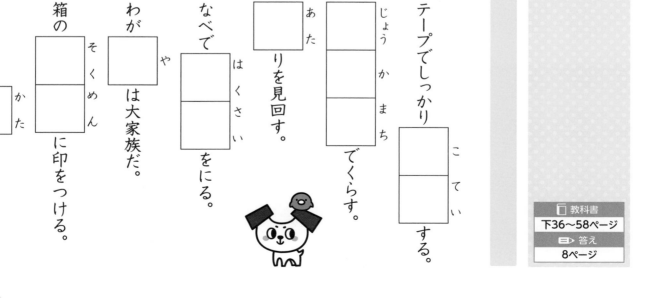

月　日

ぴったり1 じゅんび

漢字を使おう7

教科書 下59ページ

新しく学習する漢字

賀

教科書下59ページ

賀　ガ

はねる　とめる

12画

こがい　貝　かい

使い方

年賀状《ねんがじょう》を送る。

佐賀県《さがけん》のいせきを見学《けんがく》する。

佐賀《さが》のやきものを買《か》う。

字の形に注意

賀

読み方が新しい漢字

漢字	読み方	使い方	前に出た読み方
毛	モウ	毛筆《もうひつ》で書《か》く	毛糸《けいと》
答	トウ	回答《かいとう》を考《かんが》える	答《こた》える

特別な読み方をする言葉

言葉	使い方
景色《けしき》	美《うつく》しい景色《けしき》

直	ジキ	弟《おとうと》は正直者《しょうじきもの》だ	直線《ちょくせん》　直《ただ》ちに　直《なお》す
船	ふな	船便《ふなびん》がとどく	客船《きゃくせん》　船《ふね》
黄	オウ	黄金《おうごん》のかんむり	黄色《きいろ》
金	コン	金色《こんじき》にかがやく	お金《かね》　金曜日《きんようび》　金具《かなぐ》
晴	セイ	今日《きょう》は晴天《せいてん》だ	晴《は》れる
羽	は	鳥《とり》が羽《は》ばたく	羽《はね》

月　　日

人物のせいかくと行動を表す言葉
言葉の意味と使い方

教科書 下60〜65ページ

新しく学習する漢字

静　周　孫　梅

教科書下60ページ

静

セイ　しず　しずか　しずまる　しずめる　◆ジョウ

（つき出す／はねる／「マ」にしない／とめる）

使い方
安静《あんせい》にして体《からだ》を休《やす》める。
あらしの前《まえ》の静《しず》けさ。
静《しず》かな場所《ばしょ》でねむる。

反対の意味の漢字

青《あお》　14画

教科書下61ページ

周

シュウ　まわり

（下を長く／はらう／はねる）

使い方
運動場《うんどうじょう》を五周《ごしゅう》走《はし》る。
危険《きけん》を周囲《しゅうい》に知《し》らせる。
木《き》の周《まわ》りの長《なが》さをはかる。

いろいろな読み方

池の周《まわ》りを一周《いっしゅう》する。

口《くち》　8画

教科書下63ページ

孫

ソン　まご

（わすれない／はねる／とめる）

使い方
子孫《しそん》を残《のこ》すためにたまごを産《う》む。
孫《まご》に会《あ》うのを楽《たの》しみにする。
ひ孫《まご》が生《う》まれる。

形のにた漢字

こへん　10画

教科書下65ページ

梅

バイ　うめ

（つき出さない／とめる／はねる）

使い方
有名《ゆうめい》な梅園《ばいえん》を見学《けんがく》する。
梅《うめ》ぼしが大好《だいす》きだ。
梅《うめ》の花《はな》がきれいにさく。

字の形に注意

きへん　10画

「梅」「松」「板」「材」
部首が「きへん」の漢字は、
木にまつわるものが多いね。

ぴったり2 練習

漢字を使おう7
人物のせいかくと行動を表す言葉
言葉の意味と使い方

教科書 下59〜65ページ
答え 9ページ

月　日

1 ——線の漢字の読みがなを書きましょう。

① うたがう気持ちは毛頭ない。（　　）
② 祝賀会を開く。（　　）
③ 一問一答のテスト。（　　）
④ 答案用紙に記入する。（　　）
⑤ 読書の時間は静かにしなさい。（　　）
⑥ 庭の周りに木を植える。（　　）
⑦ 一族の子孫が栄える。（　　）
⑧ 梅林を見て回る。（　　）

2 □に漢字を書きましょう。

① □□《もうひつ》で手紙を書く。
② 先生に□□《ねんが》状《じょう》を出す。
③ アンケートの□□《かいとう》を読む。
④ □□《しょうじき》な感想をのべる。
⑤ 祖父《そふ》は□□《ふなの》りだった。
⑥ □□□《りょくおうしょく》野菜を食べる。
⑦ 仏像《ぶつぞう》が□□《こんじき》にかがやく。
⑧ 今月は□□《せいてん》続きだ。
⑨ 小鳥が□《は》ばたく。
⑩ 屋上からの□□《けしき》。
⑪ 熱があるので□□《あんせい》にする。
⑫ グラウンドを□□《いっしゅう》する。
⑬ おじいさんが□《まご》と遊ぶ。
⑭ □《うめ》の花が香《かお》る。

月　日

ぴったり1 じゅんび

百人一首に親しもう 漢字を使おう8

教科書 下66〜76ページ

新しく学習する漢字

季　札　唱　岡　府　億　兆　令

教科書下 66ページ

季　キ

はらう　はねる

1 2 3 4 5 6 7 8　季

使い方

日本《にっぽん》の四季《しき》は美《うつく》しい。

雨季《うき》にたくさんの雨《あめ》がふる。

季語《きご》を入《い》れて俳句《はいく》を作《つく》る。

部首

「季」の部首は、「こ」だよ。

季

「委」と書きまちがえないように！

季《こ》　8画

教科書下 70ページ

札　サツ　ふだ

上にはねる　とめる

1 2 3 4 5　札

使い方

駅《えき》の改札口《かいさつぐち》で待《ま》ち合《あ》わせる。

千円札《せんえんさつ》を数《かぞ》える。

服《ふく》に名札《なふだ》を付《つ》ける。

形のにた漢字

名札《なふだ》

朝礼

札《きへん》　5画

教科書下 71ページ

唱　ショウ　となえる

「日」にしない　大きく

1 2 3 4 5 6 7 8 9 10 11　唱

使い方

合唱《がっしょう》コンクールに出場《しゅつじょう》する。

有名《ゆうめい》な詩《し》を暗唱《あんしょう》する。

学者《がくしゃ》が新《あたら》しい説《せつ》を唱《とな》える。

部首

「唱」の部首は、「くちへん」だよ。

唱

「日」ではないんだね。

口《くちへん》　11画

教科書下 76ページ

岡　おか

向きに注意　はねる

1 2 3 4 5 6 7 8　岡

使い方

静岡県《しずおかけん》のお茶《ちゃ》は有名《ゆうめい》だ。

おみやげに岡山県《おかやまけん》のももを買《か》う。

九州地方《きゅうしゅうちほう》の福岡県《ふくおかけん》に出《で》かける。

筆順

ここから始まるよ。

岡

山《やま》　8画

教科書下 76ページ

府　フ

つける　とめる　はねる

1 2 3 4 5 6 7 8　府

使い方

政府《せいふ》の方針《ほうしん》を支持《しじ》する。

都道府県名《とどうふけんめい》を覚《おぼ》える。

京都府《きょうとふ》には多《おお》くの寺《てら》がある。

部首

「府」の部首は、「まだれ」だよ。

府

府《まだれ》　8画

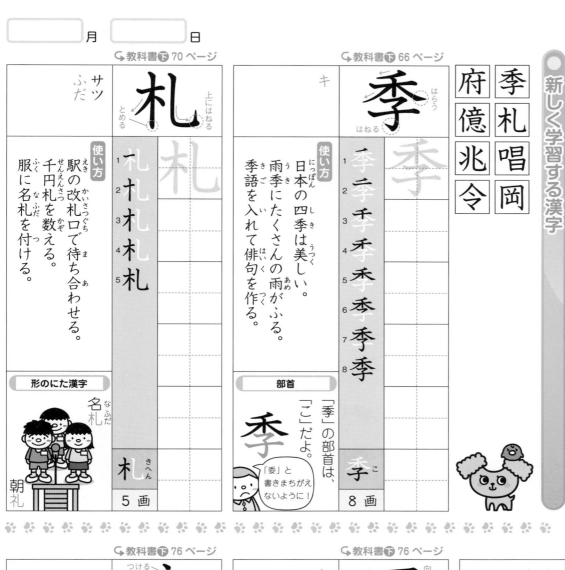

月　日

教科書下 76 ページ

億

下を長く　とめる　はねる

オク

15画　にんべん 亻

使い方

億万長者《おくまんちょうじゃ》になりたい。

宝《たから》くじで一億円《いちおくえん》が当《あ》たる。

三億年前《さんおくねんまえ》の化石《かせき》が見《み》つかる。

仲間《なか》の言葉

「一・十・百・千・万・億《おく》・兆」は、数の単位です。

教科書下 76 ページ

兆

向きに注意　上にはねる

チョウ

◆きざす
◆きざし

6画　ひとあし・にんにょう 儿

使い方

地《じ》しんの前兆《ぜんちょう》がある。

一億《いちおく》の一万倍《いちまんばい》が一兆《いっちょう》です。

五兆円《ごちょうえん》の予算《よさん》が組《く》まれる。

筆順

教科書下 76 ページ

令

はらう

レイ

5画　ひとやね

使い方

先生《せんせい》が号令《ごうれい》をかける。

命令《めいれい》にしたがう。

大雨警報《おおあめけいほう》が発令《はつれい》される。

形のにた漢字

号令《ごうれい》

今すぐ集まる。

読み方が新しい漢字

漢字	読み方	使い方	前に出た読み方
合	カッ	昔《むかし》の合戦場《かっせんじょう》	合同《ごうどう》　合唱《がっしょう》　合《あ》う　合《あ》わす
帰	キ	帰路《きろ》につく	帰《かえ》る

「府」と「付」はどちらも「フ」と読みます。形もにていますが、きちんと使い分けましょう。

ぴったり2 練習

百人一首に親しもう
漢字を使おう8

教科書 下66〜76ページ
答え 9ページ

月　日

1 ――線の漢字の読みがなを書きましょう。

① 千円札を使う。（　）
② じゅもんを唱える。（　）
③ 岡山県にひっこす。（　）
④ 四季が美しい国。（　）
⑤ 府立の大学が近くにある。（　）
⑥ 何千億もの星がある。（　）
⑦ 三兆円の予算を組む。（　）
⑧ 実家に帰省する。（　）

2 □に漢字を書きましょう。

① 俳句《はいく》に□□《きご》を使う。
② むねに□□《なふだ》を付ける。
③ □□□《がっしょうきょく》を歌う。
④ 旅行先は□□《しずおか》県だ。
⑤ □□□《ゆきがっせん》をする。
⑥ □□□□《とどうふけん》を覚える。
⑦ □□□□《おくまんちょうじゃ》になる。

⑧ ふん火の□□《ぜんちょう》を感じとる。
⑨ 外国から日本に□□《きこく》する。
⑩ □□《ごうれい》をかける。
⑪ 夏の□□《きせつ》を楽しむ。
⑫ 駅の□□□《かいさつぐち》を出る。
⑬ □□□《きょうとふ》を旅行する。
⑭ 上司が部下に□□《めいれい》する。

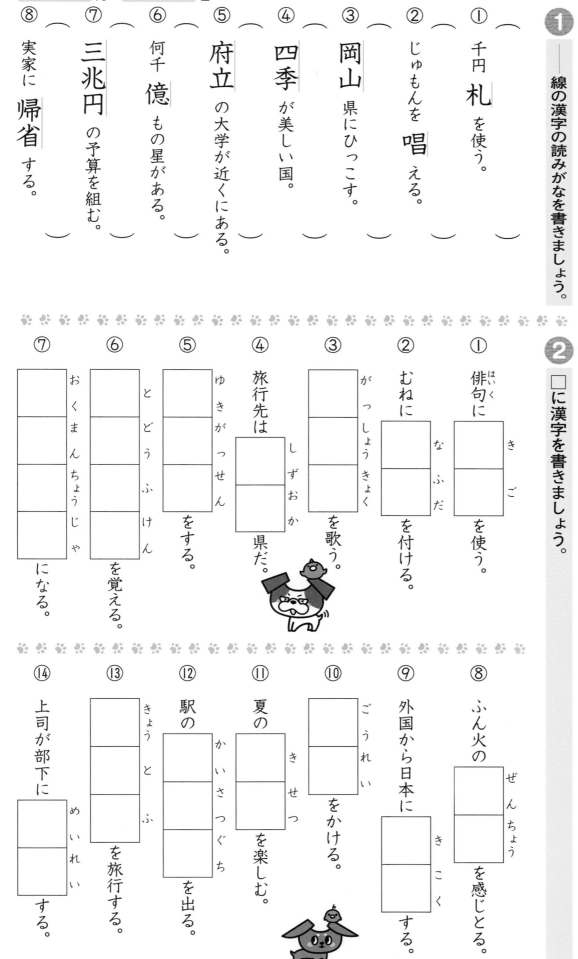

月　日

冬のチャレンジテスト①

時間30分　／100　ごうかく80点

教科書　上116〜下76ページ　答え　9ページ

1 ――線の漢字の読みがなを書きましょう。　一つ2点（38点）

① 大学に出願（　）をするとすぐに受験票（　）がとどいた。

② 灯台（　）ができて百年を記念（　）してできた切手。

③ 孫（　）がまったく野菜（　）を食べないので不満（　）だ。

④ 塩分（　）をへらし、栄養（　）のある食事をとる。

⑤ 衣服（　）をぬいで入浴（　）する。

⑥ 陸（　）のほうから城（　）に入る。

⑦ 給食（　）ぶくろを無（　）くした人は挙手（　）しなさい。

⑧ 梅（　）がさく季節（　）に友人といっしょに街（　）歩きをする。

2 ――線のひらがなを、漢字と送りがなに分けて書きましょう。　一つ2点（14点）

① 新しい実験をこころみる。（　｜　）

② つめたいスープを飲む。（　｜　）

③ 池のまわりを歩く。（　｜　）

④ 大変な仕事がのこる。（　｜　）

⑤ サクラの花がちった。（　｜　）

⑥ 羊が草のある場所にむれる。（　｜　）

⑦ いらない言葉をはぶく。（　｜　）

3 □に漢字を書きましょう。

一つ2点（30点）

① □《おっと》と□□《きょうりょく》して□□《ゆうはん》を作る。

② □□《かいぎ》で□□□《そつぎょうしき》の日を決める。

③ □□《せいと》が今月の□□《ひょうご》を書く。

④ □□《へいたい》が□《たたか》いの訓練をする。

⑤ □《わ》になって□□《じどう》が歌う。

⑥ □《あさ》い海なので□《そこ》が見えている。

⑦ □《おき》の□□《ふうけい》を絵にえがく。

4 次の□に漢字を入れて、意味に合った言葉を完成させましょう。

一つ2点（8点）

① □《おび》に短したすきに長し
（中と半ぱで何にも使えない）

② □《お》いては子にしたがえ
（年をとると子どもの言うことを聞くべきだ）

③ ちりも□《つ》もれば山となる
（小さなことも重なれば大きな結果になる）

④ □《な》きっつらにはち
（大変なことが重なる）

5 次の□に、上でしめした読み方をする漢字を入れて、言葉を完成させましょう。

一つ2点（10点）

① ショウ
ア □エネルギー
イ □明
ウ 合□

② フ
ア □録
イ 京都□

月　日

冬のチャレンジテスト②

1 ―線の漢字の読みがなを書きましょう。

一つ2点（36点）

① 千円札（　）がさいふに三まい残（　）っている。

② 選挙（　）に出かけて投票（　）する。

③ 園児（　）たちはずっと晴天（　）が続くことを願（　）っている。

④ 夫（　）は、きのう警《けい》察官（　）に話したことを失念（　）した。

⑤ 二兆円（　）ものお金が不足（　）している。

⑥ 街灯（　）があたりを照（　）らす。

⑦ 菜（　）の花が美しい季節（　）になる。

⑧ 金管（　）楽器の美しい音色（　）に聞きほれる。

2 □に漢字を入れて、矢印の上と下の言葉が反対の意味になるようにしましょう。

一つ2点（16点）

① 平和 ↕ 戦□

② せが高い ↕ せが□い

③ 入学 ↕ □業

④ 雪がとける ↕ 雪が□もる

⑤ 有る ↕ □い

⑥ 先生 ↕ 生□

⑦ 集合 ↕ かい□

⑧ 悪い ↕ □い

時間30分

／100

ごうかく80点

教科書 上116〜下76ページ

答え 10ページ

月　日

3 □に漢字を書きましょう。

一つ2点（32点）

① お□《しろ》の□□《しゅうへん》に□《まつ》の木が生える。

② 友人の□□《しゅっさん》を□《いわ》う。

③ □□《いちおく》円□□《みまん》の金額《がく》。

④ □□《みぎがわ》通行に□《あらた》める。

⑤ □《しお》が入ったびんを□《しず》かに□《お》く。

⑥ □□《たいりく》から□《つめ》たい風がふく。

⑦ □□《ふぼ》に□□《えいよう》のある料理を作る。

4 次の漢字の赤い部分は、何画目に書きますか。

一つ2点（8点）

① 固　［　　］画目

② 孫　［　　］画目

③ 老　［　　］画目

④ 単　［　　］画目

5 □に入る漢字をあとから選んで、都道府県の名前を完成させましょう。ただし、同じ漢字は一回しか使えません。

一つ2点（8点）

① □本《もと》県に住んでいる。

② 京都□に旅行に行く。

③ 沖□県から友人が来る。

④ 福□県は九州地方にある。

熊　鹿　府　岡　賀　縄　富

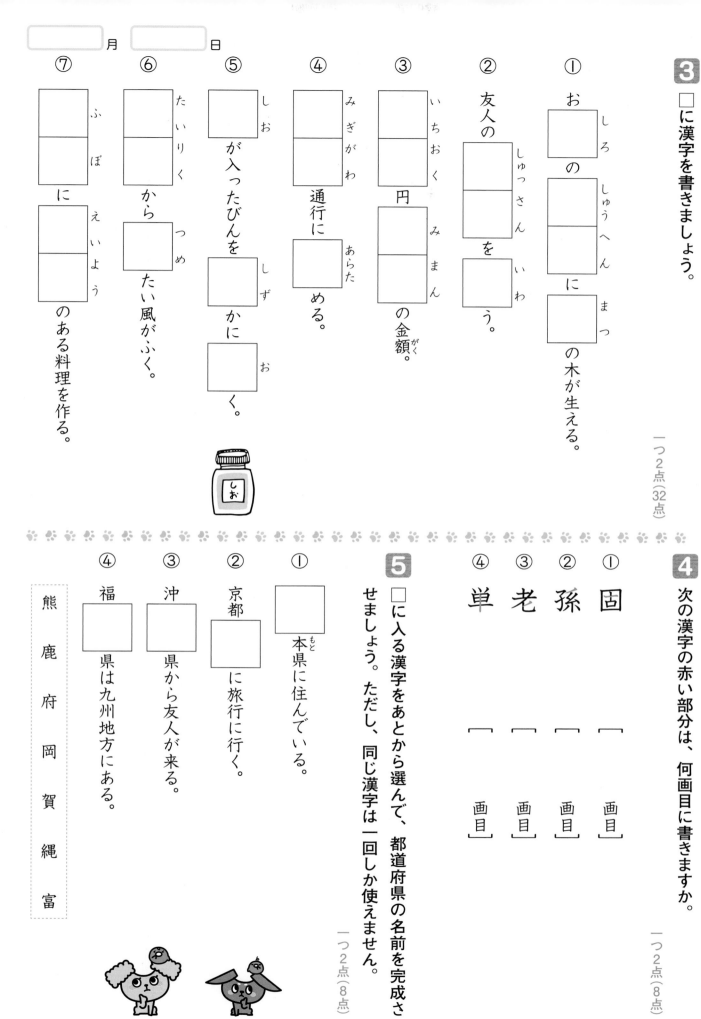

月　日

数え方を生み出そう 漢字を使おう9

教科書 下78～91ページ

新しく学習する漢字

建　希　梨　芸　茨　欠

教科書下86ページ

建（出す／はらう）

ケン　たてる　たつ　◆コン

使い方
高層《こうそう》ビルを建設《けんせつ》する。
大《おお》きな家《いえ》を建《た》てる。
空《あ》き地《ち》に小屋《こや》が建《た》つ。

筆順

7・8画目に注意しよう。

廴（えんにょう）　9画

教科書下91ページ

希（小さく／つける／はねる）

キ

使い方
希望《きぼう》するクラブに入《はい》る。
希少動物《きしょうどうぶつ》がいる島《しま》。
世界平和《せかいへいわ》を希求《ききゅう》する。

筆順

1・3画目に気をつけてね。

巾（はば）　7画

教科書下91ページ

梨（とめる／はねる／はらう／とめる）

なし

使い方
山梨県《やまなしけん》はぶどうの産地《さんち》。
多《おお》くの山《やま》を有《ゆう》する山梨県《やまなしけん》。
梨《なし》には多《おお》くの品種《ひんしゅ》がある。

部首

「梨」の部首は、「き」だよ。

梨

木（き）　11画

教科書下91ページ

芸（長く／とめる）

ゲイ

使い方
学芸会《がくげいかい》で発表《はっぴょう》する。
民芸品《みんげいひん》をおみやげに買《か》う。
園芸《えんげい》を楽《たの》しむ。

言葉の意味

芸《げい》がない
おもしろみがないこと。

富士山

艹（くさかんむり）　7画

教科書下91ページ

茨（「シ」にしない／はらう）

いばら

使い方
茨城県《いばらきけん》はメロンの産地《さんち》。
太平洋《たいへいよう》に面《めん》している茨城県《いばらきけん》。
けわしい茨《いばら》の道《みち》を進《すす》む。

部首

「茨」の部首は「くさかんむり」だよ。

茨

艹（くさかんむり）　9画

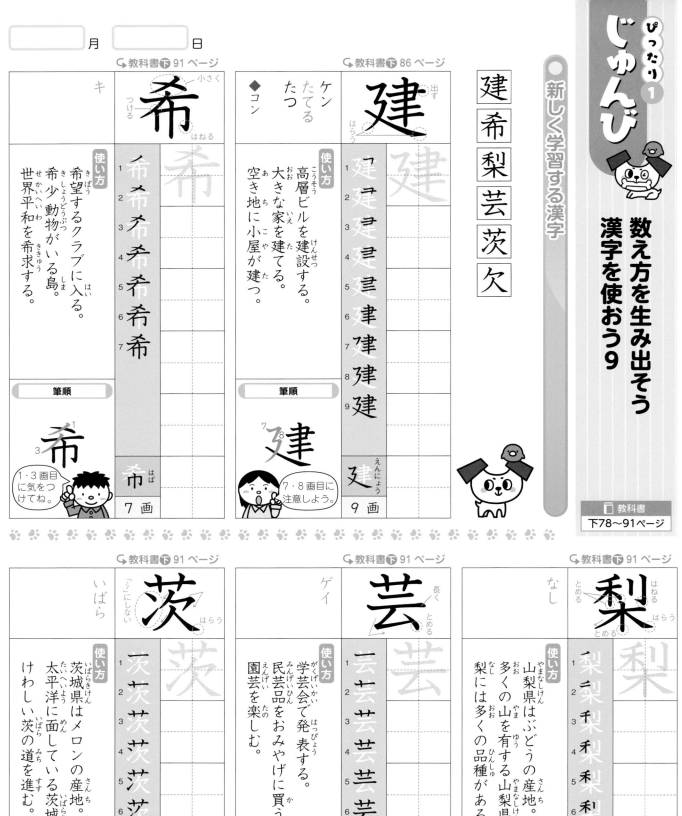

月　日

教科書下91ページ

欠

ケツ
かける
かく

はらう

1 2 3 4（筆順）

使い方
かぜで学校《がっこう》を欠席《けっせき》する。
ふちの欠《か》けた茶《ちゃ》わんをすてる。
決《き》め手《て》を欠《か》く。

反対の意味の言葉

欠席《けっせき》
出席

欠　あくび　かける

4画

読み方が新しい漢字

漢字	読み方	使い方	前に出た読み方
歩	あゆ**む**	山道《やまみち》を歩《あゆ》む	徒歩《とほ》　歩《ある》く
新	あら**た**	新《あら》たな気持《きも》ち	新《あたら》しい　新聞《しんぶん》
丸	ガン	チーム一丸《いちがん》	丸《まる》　丸《まる》い　丸《まる》める

漢字クイズ10

答え15ページ

☆計算すると、どんな漢字ができますか。漢字を書いて答えましょう。

ひき算もあるので注意しましょう。

① 健－イ＝

② メ＋ナ＋巾＝

③ 木＋木＋ノ＋刂＝

④ 花－化＋欠＋冫＝

⑤ 草－早＋ム＋二＝

③は県名にも使われている漢字だよ。

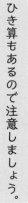

月　日

ぴったり2 練習

数え方を生み出そう 漢字を使おう9

教科書 下78～91ページ
答え 10ページ

1 ――線の漢字の読みがなを書きましょう。

① つかれていても歩み続ける。（　　）
② 家を建てる。（　　）
③ 新たなスタートを切る。（　　）
④ 梨がおいしい季節だ。（　　）
⑤ 食後に丸薬を飲む。（　　）
⑥ 工芸品を買う。（　　）
⑦ 茨のとげがささる。（　　）
⑧ 先生が出欠をとる。（　　）

2 □に漢字を書きましょう。

① 近代の日本の□《あゆ》みを学ぶ。
② □□《けんこく》の日を祝う。
③ □《あら》たな目標をかかげる。
④ 明日に□□《きぼう》をもつ。
⑤ □□《やまなし》県へ登山に向かう。
⑥ クラスが□□《いちがん》となる。
⑦ 犬に□《げい》を教える。

⑧ □《いばら》の道を進む。
⑨ 茶わんのふちが□《か》ける。
⑩ 洋風の□□《たてもの》に入る。
⑪ この本はとても□□《きしょう》だ。
⑫ □《げい》は身を助ける。
⑬ 学校を□□《けっせき》する。
⑭ 新しいビルが□《た》つ。

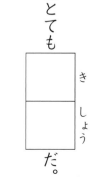

月　　日

ぴったり1 じゅんび

調べたことをほうこくしよう　漢字を使おう10

教科書 下100〜107ページ

新しく学習する漢字

仲　徳　径　鏡　牧　各　氏

教科書下 105 ページ

仲　なか　◆チュウ　（とめる）

使い方
クラスの仲間《なかま》と協力《きょうりょく》する。
仲《なか》の良《よ》い三人組《さんにんぐみ》です。
友達《ともだち》と仲直《なかなお》りをする。

仲（にんべん）　6画

形のにた漢字

中学校
仲間《なかま》

教科書下 107 ページ

徳　トク　（「四」にしない）

使い方
徳島県《とくしまけん》の阿波《あわ》おどり。
料理《りょうり》に徳島《とくしま》のすだちを使《つか》う。
道徳《どうとく》を学《まな》び、考《かんが》える。

徳（ぎょうにんべん）　14画

言葉の意味

道徳《どうとく》ー人として守らなければならない行い。

教科書下 107 ページ

径　ケイ　（あける・はらう・とめる）

使い方
半径《はんけい》の長《なが》さをはかる。
円《えん》の直径《ちょっけい》を求《もと》める。
川《かわ》ぞいの小径《しょうけい》を歩《ある》く。

径（ぎょうにんべん）　8画

字の形に注意

径

「亻」と書かないようにね。

教科書下 107 ページ

鏡　キョウ　かがみ　（「心」にしない・上にはねる）

使い方
望遠鏡《ぼうえんきょう》で星《ほし》を観測《かんそく》する。
祖父《そふ》が老眼鏡《ろうがんきょう》をかけて本《ほん》を読《よ》む。
鏡《かがみ》に全身《ぜんしん》をうつす。

鏡（かねへん）　19画

字の形に注意

「意」と書かないように気をつけよう！

鏡

教科書下 107 ページ

牧　ボク　◆まき　（とめる・はらう）

使い方
牧場《ぼくじょう》で牛《うし》を見《み》る。
遊牧民族《ゆうぼくみんぞく》をたずねる。
馬《うま》が牧草《ぼくそう》を食《た》べる。

牧（うしへん）　8画

部首

「牧」の部首は、「うしへん」だよ。

牧

「攵」ではないよ！

月　日

教科書下107ページ

各

カク

◆おのおの

つける　はらう　はらう

1 2 3 4 5 6

使い方

日本《にっぽん》の各地《かくち》を旅《たび》する。
世界各国《せかいかっこく》の人々《ひとびと》が集《あつ》まる。
わすれ物《もの》に各自《かくじ》気《き》をつける。

字の形に注意

各

「夂」と書かないようにしよう。

各 口《くち》

6画

教科書下107ページ

氏

シ

◆うじ

長く　はねる

1 2 3 4

使い方

住所《じゅうしょ》と氏名《しめい》を記入《きにゅう》する。
源氏物語《げんじものがたり》を読《よ》む。
田中《たなか》氏は欠席《けっせき》です。

部首

「氏」は漢字全体が部首「うじ」だよ。

氏

字の形にも注意してね。

氏 うじ

4画

読み方が新しい漢字

漢字	読み方	使い方	前に出た読み方
口	コウ	人口《じんこう》がふえる	口《くち》・口調《くちょう》
牛	ギュウ	牛肉《ぎゅうにく》を食《た》べる	牛《うし》
寺	ジ	大《おお》きな寺院《じいん》	寺《てら》

漢字クイズ11

答え15ページ

☆漢字のあみだくじです。動物からスタートして、途中《とと》にあるカードを組み合わせて、①～④にできた漢字を書きましょう。

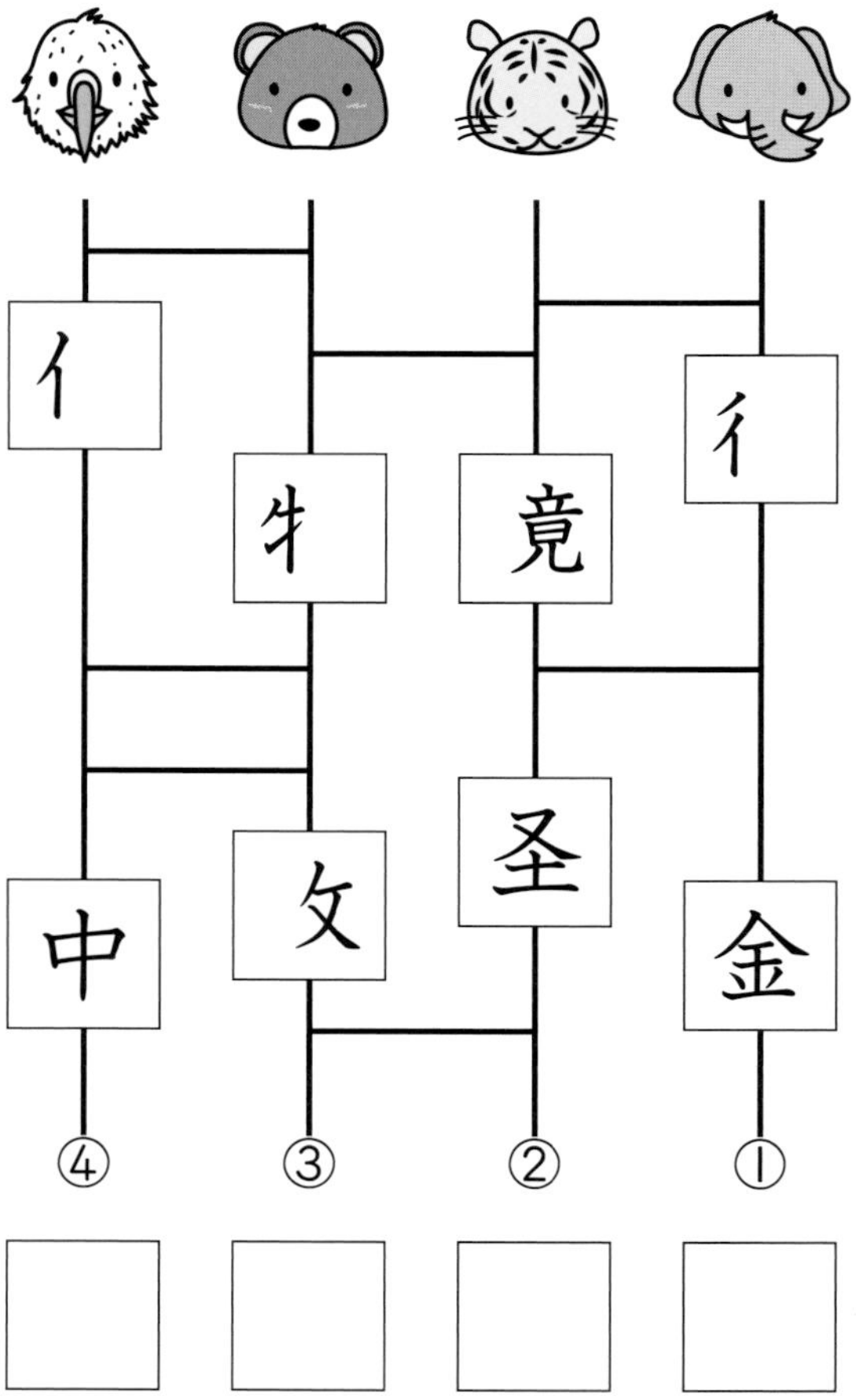
亻
牛
竟
彳
中
文
圣
金
④
③
②
①

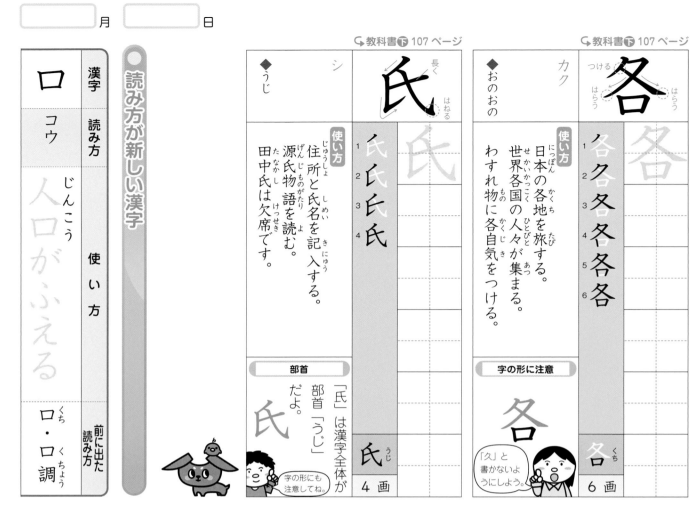

□月 □日

ぴったり2 練習

調べたことをほうこくしよう
漢字を使おう10

1 ――線の漢字の読みがなを書きましょう。

① 同じチームの仲間。（　　）
② 次の授業《じゅ》は道徳です。（　　）
③ ボールの半径を求める。（　　）
④ 母が鏡台の前に立つ。（　　）
⑤ 毎朝牛にゅうを飲む。（　　）
⑥ 羊が牧草を食べている。（　　）
⑦ 有名な寺院にお参りする。（　　）
⑧ 各国の大臣《だいじん》が集まる。（　　）

2 □に漢字を書きましょう。

① □《なか》の良い親子だ。
② □□《とくしま》県を旅行する。
③ 都会は□□《じんこう》が多い。
④ 円の□□《ちょっけい》を計算する。
⑤ □□□《ぼうえんきょう》を手に入れる。
⑥ □□《ぼくじょう》で牛を育てる。
⑦ □□《かくち》の気温を伝える。

⑧ 新しいくつに□□《しめい》を書く。
⑨ □□《なかよ》しの友人。
⑩ □《とく》が高い人だ。
⑪ □《かがみ》に顔をうつす。
⑫ 国産の□□《ぎゅうにく》を買う。
⑬ 馬を□□《ほうぼく》する。
⑭ 今日は□□《かがみびら》きだ。

教科書 下100～107ページ
答え 10ページ

ぴったり1 じゅんび

同じ読み方の漢字

新しく学習する漢字

労　極　昨　副　臣　課　械

教科書 下108〜109ページ

教科書下108ページ

労

ロウ

向きに注意　はねる

使い方

苦労《くろう》して絵《え》を完成《かんせい》させる。

労力《ろうりょく》をおしまず働《はたら》く。

労《ろう》をねぎらう。

字の形に注意

「⺍」と書きまちがえないでね。

労

力（ちから）

7画

教科書下109ページ

極

キョク
ゴク

◆きわめる
◆きわまる
◆きわみ

形に注意　とめる　はねる

使い方

夜空《よぞら》に北極星《ほっきょくせい》を見《み》つける。

極《きょく》たんな言《い》い方《かた》をする。

間《ま》に合《あ》うよう極力《きょくりょく》努《つと》める。

対《つい》になる言葉

北極《ほっきょく》

南極《なんきょく》

木（きへん）

12画

教科書下109ページ

昨

サク

つくりより小さく　つける　とめる

使い方

昨日《さくじつ》のことを日記《にっき》に記《しる》す。

昨年《さくねん》は豊作《ほうさく》だった。

昨夜《さくや》ははげしい雨《あめ》がふった。

形のにた漢字

昨日《さくじつ》

作文

日（ひへん）

9画

教科書下109ページ

副

フク

わすれない　とめる　はねる

使い方

クラブの副部長《ふくぶちょう》になった。

薬《くすり》の副作用《ふくさよう》を調《しら》べる。

副賞《ふくしょう》として米《こめ》をもらった。

形のにた漢字

副賞《ふくしょう》

福引き

刂（りっとう）

11画

教科書下109ページ

臣

シン
ジン

つける

使い方

臣下《しんか》として仕《つか》える。

多《おお》くの家臣《かしん》をしたがえる。

総理大臣《そうりだいじん》と会《あ》う。

部首

「臣」の部首は、「しん」だよ。

臣
漢字全体が部首だね。

臣（しん）

7画

月　　日

教科書下 109ページ

課

カ

一画で書く　はらう　とめる

使い方

課題《かだい》をわすれずに提出《ていしゅつ》する。
散歩《さんぽ》を日課《にっか》にする。
放課後《ほうかご》に校庭《こうてい》で遊《あそ》ぶ。

形のにた漢字

果実

課外活動《かがいかつどう》

課　ごんべん

15画

教科書下 109ページ

械

カイ

わすれない　はねる　はらう　とめる

使い方

大型《おおがた》の機械《きかい》がある工場《こうじょう》。
器械体操《きかいたいそう》を習《なら》う。
機械化《きかいか》が進《すす》む。

字の形に注意

械

械　きへん

11画

特別な読み方をする漢字

言葉	使い方
昨日《きのう》	昨日《きのう》の夜《よる》は雨《あめ》だった

漢字クイズ12

☆ 次の文では、どちらの漢字を使うのが正しいでしょう。正しいほうに○をつけましょう。

答え15ページ

① 九月の第三日曜日は、けい｛（　）労／（　）老｝の日だ。

② ｛（　）副／（　）福｝委員長に選ばれる。

③ 南｛（　）局／（　）極｝をたんけんする。

④ 幸運な機｛（　）械／（　）会｝にめぐまれる。

月　日

ぴったり じゅんび 1

世界一美しいぼくの村

教科書 下110～126ページ

新しく学習する漢字

香 民 勇 信

教科書下 113 ページ

香

か
かおり
かおる
◆コウ
◆キョウ

とめる　はらう

1 2 3 4 5 6 7 8 9
香 香 香 香 香 香 香 香 香

使い方

香川県《かがわけん》はうどんで有名《ゆうめい》だ。
ほのかな香《かお》り。
花《はな》のにおいが香《かお》る。

香《か》（かおり）　9画

形のにた漢字

香《かお》り　番

教科書下 113 ページ

民

ミン
◆たみ

はねる

1 2 3 4 5
民 民 民 民 民

使い方

国民《こくみん》に向《む》けてあいさつをする。
海辺《うみべ》の民宿《みんしゅく》にとまる。
民族衣《みんぞくい》しょうを着《き》る。

民（うじ）　5画

部首

民

「民」の部首は、「うじ」だよ。

教科書下 116 ページ

勇

ユウ
いさむ

「ク・々」にしない　つき出す　はねる

1 2 3 4 5 6 7 8 9
勇 勇 勇 勇 勇 勇 勇 勇 勇

使い方

勇気《ゆうき》をもって行動《こうどう》する。
とても勇《ゆう》かんな青年《せいねん》だ。
勇《いさ》んで試合《しあい》に行く。

力（ちから）　9画

部首

「勇」の部首は、「ちから」だよ。

教科書下 119 ページ

信

シン

ななめに　とめる

1 2 3 4 5 6 7 8 9
信 信 信 信 信 信 信 信 信

使い方

先生《せんせい》から学級通信《がっきゅうつうしん》をもらう。
友達《ともだち》を信用《しんよう》する。
不思議《ふしぎ》な話《はなし》を信《しん》じる。

亻（にんべん）　9画

漢字の覚え方

人（亻）の言うことを信《しん》じる。

特別な読み方をする言葉

言葉	使い方
果物《くだもの》	果物《くだもの》をかごにもる

月　　日

ぴったり2

練習

同じ読み方の漢字
世界一美しいぼくの村

教科書 下108～126ページ
答え 11ページ

1 ―線の漢字の読みがなを書きましょう。

① 算数の宿題に苦労する。（　　）
② 南極をたんけんする。（　　）
③ 昨年よりも気温が高い。（　　）
④ 副委員長になる。（　　）
⑤ との様に仕える家臣。（　　）
⑥ 積極的に発言する。（　　）
⑦ バラの花が香る。（　　）
⑧ 勇ましいすがたを見せる。（　　）

2 □に漢字を書きましょう。

① □□《ろうりょく》をおしまない。
② 荷物を□□《きょくりょく》少なくする。
③ □□《さくや》から雨がふっている。
④ □□□《ふくだいじん》に指名される。
⑤ □□□《ほうかご》に待ち合わせる。
⑥ □□《きのう》から雨がふっている。
⑦ 工場で□□《きかい》を組み立てる。

⑧ 畑で□□《くだもの》を育てる。
⑨ □□《かがわ》県は四国にある。
⑩ 世界の□□《みんぞく》と交流する。
⑪ □□《ゆうき》を出して進む。
⑫ □□《しんごう》が赤になる。
⑬ せっけんの□《かお》りに包まれる。
⑭ メールを□□《へんしん》する。

月　日

漢字を使おう11

教科書 下127ページ

新しく学習する漢字

潟　岐　阜　栃　埼　奈　滋　阪　媛　佐　崎

教科書下127ページ

潟

かた

向きに注意　あける　はねる

使い方

新潟県《にいがたけん》は日本《にほん》の米《こめ》どころだ。

新潟《にいがた》で大雪《おおゆき》がふる。

砂《すな》やどろで形成《けいせい》された干潟《ひがた》。

字の形に注意

潟

「白」じゃないよ。間を空けてね。

氵 さんずい

15画

教科書下127ページ

岐

◆キ

はらう

使い方

岐阜県《ぎふけん》でう飼《か》いを見学《けんがく》した。

岐阜《ぎふ》の白川郷《しらかわごう》は美《うつく》しい。

長良川《ながらがわ》は岐阜県内《ぎふけんない》を流《なが》れている。

部首

「岐」の部首は、「やまへん」だよ。

岐

山 やまへん

7画

教科書下127ページ

阜

フ

つけない　長く

使い方

岐阜《ぎふ》の信長《のぶなが》まつりに出《で》かける。

美濃焼《みのやき》の産地《さんち》は岐阜県《ぎふけん》である。

岐阜《ぎふ》の金華山《きんかざん》を望《のぞ》む。

字の形に注意

自じゃないよ。気をつけてね。

阜

阜 おか

8画

教科書下127ページ

栃

とち

とめる　はねる

使い方

栃木県《とちぎけん》ではイチゴが生産《せいさん》される。

栃木県内《とちぎけんない》の山《やま》を歩《ある》く。

夏休《なつやす》みは栃木県《とちぎけん》の高原《こうげん》ですごす。

漢字のひみつ

栃

「万」という字がかくれているよ。

木 きへん

9画

教科書下127ページ

埼

さい

はねる

使い方

埼玉県《さいたまけん》は人形作《にんぎょうづく》りで有名《ゆうめい》だ。

埼玉県内《さいたまけんない》で茶《ちゃ》つみを見学《けんがく》した。

兄《あに》は埼玉《さいたま》の大学《だいがく》に通学《つうがく》している。

部首

「埼」の部首は、「つちへん」だよ。

埼

土 つちへん

11画

月　日

教科書下 127ページ

奈

ナ

とめる　はらう　下を長く書く　はねる

使い方

神奈川《かながわ》県《けん》の大《おお》きな港《みなと》。

友達《ともだち》が神奈川《かながわ》県《けん》に引《ひ》っこした。

奈良《なら》のシカを見《み》に行《い》く。

1 2 3 4 5 6 7 8

漢字のひみつ

「大」という字が見えているよ。

奈

奈 だい　8画

教科書下 127ページ

滋

◆ジ

向きに注意

使い方

滋賀《しが》県《けん》の琵琶湖《びわこ》は日本一広《にほんいちひろ》い。

旅行《りょこう》で滋賀《しが》県内《けんない》の寺院《じいん》を歩《ある》いた。

滋賀《しが》の彦根《ひこね》城内《じょうない》を見学《けんがく》する。

1 2 3 4 5 6 7 8 9 10 11 12

字の形に注意

下につき出さないよ。

滋

滋 さんずい　12画

教科書下 127ページ

阪

◆ハン

三画でかく　はらう

使い方

大阪名物《おおさかめいぶつ》のたこやき。

活気《かっき》にあふれる大阪府《おおさかふ》。

遠《とお》くに大阪城《おおさかじょう》が見《み》えた。

1 2 3 4 5 6 7

漢字のれきし

今　大阪《おおさか》

昔　大坂

阪 こざとへん　7画

教科書下 127ページ

媛

◆エン

右上に　向きに注意　はらう　はらう

使い方

愛媛《えひめ》県《けん》のみかんはおいしい。

松山城《まつやまじょう》は愛媛《えひめ》県松山市《けんまつやまし》に建《た》つ。

船《ふね》で愛媛《えひめ》に向《む》かう。

1 2 3 4 5 6 7 8 9 10 11 12

字の形に注意

媛

4画目をわすれないでね！

媛 おんなへん　12画

教科書下 127ページ

佐

サ

はらう　下を長く

使い方

佐賀《さが》県《けん》の有田焼《ありたやき》を買《か》う。

大佐《たいさ》に会《あ》ったことがある。

高知《こうち》県《けん》、土佐国《とさのくに》。

1 2 3 4 5 6 7

字の形に注意

佐

「右」ではないよ。

佐 にんべん　7画

教科書下 127ページ

崎

さき

はねる

使い方

長崎《ながさき》県《けん》でちゃんぽんを食《た》べた。

家族《かぞく》と宮崎《みやざき》へ行《い》った。

島崎《しまざき》さんと図書館《としょかん》へ出《で》かけた。

1 2 3 4 5 6 7 8 9 10 11

部首

「崎」の部首は、「やまへん」だよ。

崎

崎 やまへん　11画

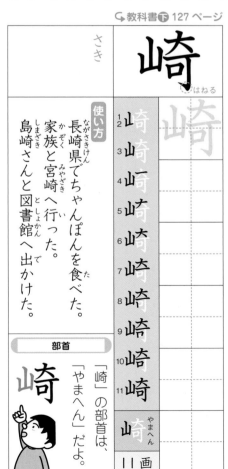

月　日

読み方が新しい漢字

漢字	読み方	使い方	前に出た読み方
新	にい	新潟《にいがた》の米《こめ》	新《あたら》しい　新聞《しんぶん》　新《あら》た
馬	ま	群馬《ぐんま》の温《おん》せん	乗馬《じょうば》　馬《うま》
千	ち	千葉《ちば》のらっかせい	千《せん》
本	もと	本《もと》を正《ただ》す	本《ほん》

特別な読み方をする言葉

言葉	使い方
宮城《みやぎ》	宮城《みやぎ》県《けん》へ旅《たび》に出《で》る
富山《とやま》	富山《とやま》のチューリップ
岐阜《ぎふ》	岐阜《ぎふ》には海《うみ》がない
茨城《いばらき》	茨城《いばらき》県《けん》はクリの産地《さんち》だ

言葉	使い方
神奈川《かながわ》	神奈川《かながわ》の大《おお》きな船《ふね》
滋賀《しが》	滋賀《しが》の湖《みずうみ》
大阪《おおさか》	大阪《おおさか》のお城《しろ》
奈良《なら》	奈良《なら》の公園《こうえん》
鳥取《とっとり》	鳥取《とっとり》の梨《なし》
愛媛《えひめ》	愛媛《えひめ》の港町《みなとまち》
大分《おおいた》	大分《おおいた》の温《おん》せん
鹿児島《かごしま》	鹿児島《かごしま》の火山《かざん》

「潟」や「媛」などのふくざつな漢字は何度も書いて練習しましょう。

月　　日

ぴったり2 練習

漢字を使おう11

1 ——線の漢字の読みがなを書きましょう。

① **宮城**県に親せきがいる。（　　）

② **富山**県を地図で調べる。（　　）

③ **茨城**県に向かう。（　　）

④ 夏休みは**滋賀**県に行く。（　　）

⑤ **奈良**県には大仏《ぶつ》がある。（　　）

⑥ **鳥取**県は日本海に面している。（　　）

⑦ **佐賀**県で宿をさがす。（　　）

⑧ 物事の**本**を正す。（　　）

2 □に漢字を書きましょう。

① □□《にいがた》県は米作りがさかんだ。

② 四季の変化に□《と》んでいる。

③ 母は□□《ぎふ》県の出身だ。

④ □□《とちぎ》県から転校する。

⑤ 鉄道で□□《ぐんま》県に向かう。

⑥ □□《さいたま》県に本店がある。

⑦ □□《ちば》県に引っこす。

⑧ □□□《かながわ》県を旅する。

⑨ □□《おおさか》府へ飛行機で行く。

⑩ □□《えひめ》県の友達に会う。

⑪ おじは□□《ながさき》県に住んでいる。

⑫ □□《くまもと》県の火山を見に行く。

⑬ 出身地は□□《おおいた》県です。

⑭ □□□《かごしま》県で夏をすごす。

教科書 下127ページ
答え 11ページ

月　　日

春のチャレンジテスト①

1 ——線の漢字の読みがなを書きましょう。　一つ2点（36点）

① 昨日（　）の朝にとどいた果物（　）を食べる。

② 大分（　）県から船に乗って愛媛（　）県まで行く。

③ 千葉（　）県から群馬（　）県まで電車に乗って向かう。

④ 中国地方の鳥取（　）県と九州地方の鹿児島（　）県。

⑤ 栃木（　）県に近い埼玉（　）県にはすぐに着くだろう。

⑥ 欠席者（　）がわかるように氏名（　）をまとめる。

⑦ 大臣（　）のおおいなる勇気（　）が国の歩（　）みをうながす。

⑧ 新（　）たに出た丸薬（　）はお店に行って各自（　）で買う。

2 次の文から、まちがっている漢字をぬき出して、正しい漢字を書きましょう。　一つ1点（12点）

例 今《いま》は牛後三時《ごごさんじ》だ。　× 牛　○ 午

① 大坂府《おおさかふ》で生活《せいかつ》する。　×　○

② 南局大陸《なんきょくたいりく》に上陸《じょうりく》する。　×　○

③ 宮木県《みやぎけん》は米《こめ》づくりがさかんだ。　×　○

④ 会社《かいしゃ》で貨長《かちょう》から注意《ちゅうい》される。　×　○

⑤ マラソンの練習《れんしゅう》に苦老《くろう》する。　×　○

⑥ 特島県《とくしまけん》へ旅行《りょこう》に出かける。　×　○

時間30分
／100
ごうかく80点

教科書 下78～127ページ
答え 11ページ

□月□日

3 □に漢字を書きましょう。

一つ2点（28点）

① □□《さが》県のとなりは□□《ながさき》県だ。

② □□《にいがた》県や□□《ぎふ》県は中部地方にある。

③ □□《ほうぼく》をしてくらす□□《みんぞく》と出会う。

④ □□《えんげい》用のビニールハウスを□《た》てる。

⑤ □《ふく》委員長と□《なか》良くなる。

⑥ □《なし》を食べたいと□□《きぼう》する。

⑦ □□《じいん》にある古い□《かがみ》。

4 次の漢字の部首名を、ひらがなで書きましょう。

一つ2点（16点）

① 媛〔　　〕

② 埼〔　　〕

③ 勇〔　　〕

④ 信〔　　〕

⑤ 滋〔　　〕

⑥ 械〔　　〕

⑦ 径〔　　〕

⑧ 茨〔　　〕

5 次の□に漢字を入れて、同じ漢字が使われている都道府県を完成させましょう。

一つ2点（8点）

① □《と》山県――山□《なし》県

② 神□《な》川県――□《か》川県

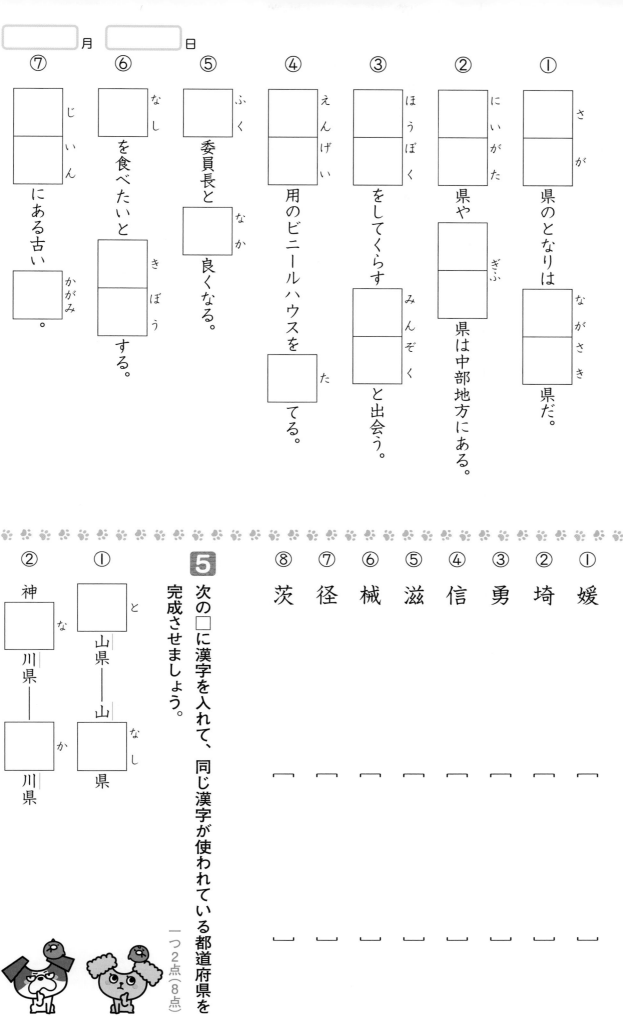

月　日

春のチャレンジテスト②

時間30分
／100
ごうかく80点

教科書 下78〜127ページ
答え 12ページ

1 ——線の漢字の読みがなを書きましょう。　一つ2点（36点）

① お昼に牛肉（　）を食べたことを口頭（　）で伝えた。
② 岐阜（　）県を出て車で熊本（　）県に行く。
③ 長崎（　）県にある有名な寺社（　）をめぐる。
④ 直径（　）の小さな円を機械（　）でえがく。
⑤ 宮崎（　）県出身の芸人（　）が次の副会長（　）をつとめる。
⑥ 公園に大佐（　）の銅像《どうぞう》を建（　）てることを希望（　）する。
⑦ 労働（　）組合が一丸（　）となって戦う。
⑧ 栃木（　）県のこれまでの歩（　）みをまとめる。

2 次のたて書きの文や言葉に当てはまり、横書きの県名にも当てはまる漢字を□に書きましょう。　一つ2点（12点）

① □児島県／□にえさをやる。
② 宮□県／□をせめ落とす。
③ 佐□県／謹《きん》□新年
④ □川県／花が□る。
⑤ 群□県／乗□を楽しむ。
⑥ □取県／野□を観察する。

□月□日

3 □に漢字を書きましょう。

一つ2点（28点）

① □《いさ》ましい王子のすがたを□□《こくみん》に伝える。

② □□《どうとく》の授《じゅ》業で□□《なかま》の大切さを学ぶ。

③ ひ□《がた》を守る□《あら》たな方法。

④ □□《だいじん》が書類に□□《しめい》を書く。

⑤ □《ゆう》かんな気持ちで□《いばら》の道を進む。

⑥ □□《さくねん》の□□《かがい》活動を思い出す。

⑦ 鉄道の□□《かくえき》に□□□《しんごうき》がある。

4 次の□に当てはまる漢字を入れて、（　）にしめした都道府県名を完成させましょう。

一つ2点（12点）

例（とうきょう・きょうと）

東	京
	都

①（とやま・やまなし）

□	
山	□

②（おおいた・おおさか）

大	□
□	

③（かながわ・なら）

□	
奈	□
川	

5 次の字は、同じ漢字でもそれぞれちがう読み方をします。

――線の漢字の読みがなを書きましょう。

一つ2点（12点）

① 望遠鏡（　　）　手鏡（　　）

② 建設《せっ》（　　）　建物（　　）

③ 出欠（　　）　欠ける（　　）

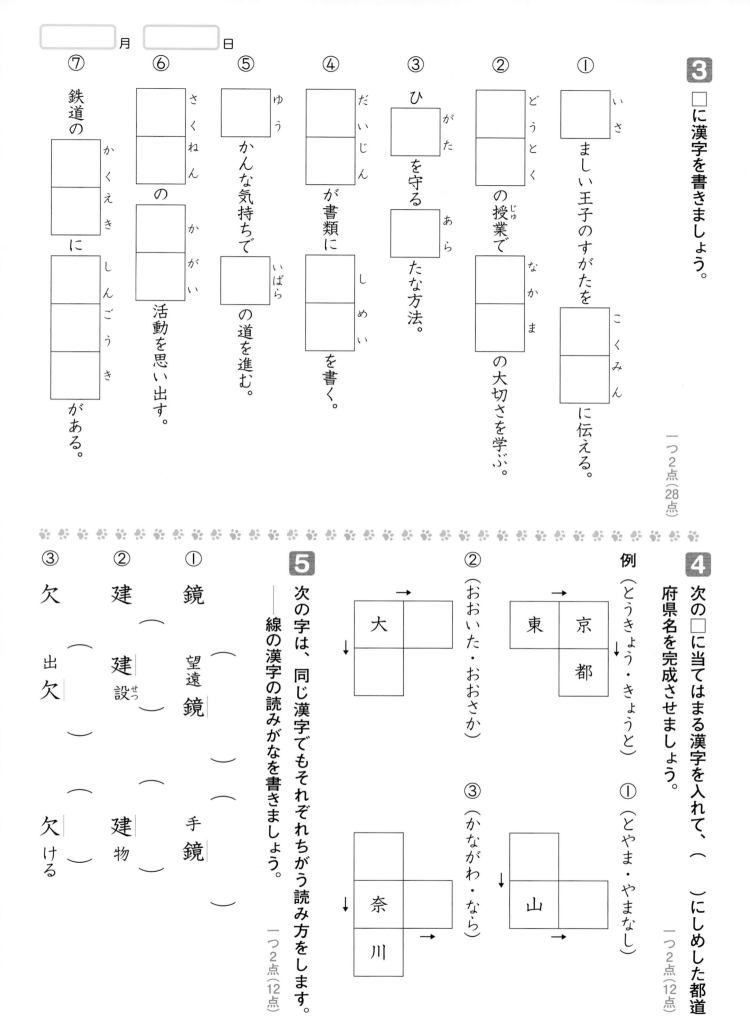

読み方さくいん

❖四年生で習う漢字の読みを全部のせています。
❖かたかなは音読み、平がなは訓《くん》読みです。
❖＊印の読み方は、小学校では習わない読み方です。
❖数字は、この本で出てくるページです。

あ

アイ 愛 31
あがる 挙 46
あげる 挙 46
あさい 浅 50
あたり 辺 63
あつい 熱 21
あびせる 浴 43
あびる 浴 43
あらそう 争 48
あらたまる 改 61
あらためる 改 61
アン 案 7

い

イ 衣 53
イ 位 24
イ 以 42
い 井 63
＊いくさ 戦 48
いさむ 勇 84
いばら 茨 76
＊いる 要 32
いわう 祝 56
イン 印 32

う

＊うい 初 25
＊うじ 氏 80
うしなう 失 7
＊うつわ 器 6
＊うぶ 産 55
うまれる 産 55
うむ 産 55
うめ 梅 67

え

エイ 栄 55
エイ 英 31
＊えむ 笑 24
えらぶ 選 33
＊エン 媛 87
エン 塩 55

お

おいる 老 60
おか 岡 69
おき 沖 47
オク 億 70
おく 置 53
おさまる 治 16
おさめる 治 16
おっと 夫 41
＊おのおの 各 80
おび 帯 48
おびる 帯 48
おぼえる 覚 6
おり 折 32
おる 折 32
おれる 折 32

か

カ 果 19
カ 貨 47
カ 加 13
カ 課 83
か 香 84
か 鹿 56
ガ 賀 66
ガ 芽 13
＊カイ 街 46
カイ 械 83
カイ 改 61
ガイ 街 46
ガイ 害 21
＊かえりみる 省 56
かえる 変 7
かおり 香 84
かおる 香 84
かがみ 鏡 79
かかわる 関 19
カク 覚 6
カク 各 80
かく 欠 77
かける 欠 77
かた 潟 86
かたい 固 64
かたまる 固 64
かためる 固 64
かなめ 要 32
かならず 必 32
かりる 借 8
がわ〈かわ〉 側 64
かわる 変 7
カン 関 19
カン 観 18
カン 完 22
カン 管 43
カン 官 43
ガン 願 40

き

キ 旗 25
＊キ 岐 86
キ 季 69
キ 機 19
キ 希 76
キ 器 6
ギ 議 42
＊きく 利 16
＊きざし 兆 70
＊きざす 兆 70
＊きそう 競 25
キュウ 給 48
＊キュウ 泣 49
キュウ 求 8
キョ 挙 46
ギョ 漁 21
きよい 清 21
キョウ 競 25
＊キョウ 香 84
キョウ 協 40
キョウ 共 31
キョウ 鏡 79
キョク 極 82
きよまる 清 21
きよめる 清 21
＊きわまる 極 82
＊きわみ 極 82
＊きわめる 極 82

く

＊ク 功 27
くだ 管 43
くま 熊 56
くら 倉 6
くらい 位 24
くわえる 加 13
くわわる 加 13
クン 訓 16
グン 群 42
グン 郡 42
グン 軍 49

け

ケイ 競 25
ケイ 径 79
ケイ 景 49
ゲイ 芸 76
ケツ 欠 77
ケツ 結 19
ケン 建 76
ケン 健 26
ケン 験 18
＊ゲン 験 18

こ

コ 固 64
コウ 好 18
＊コウ 香 84
コウ 康 26
コウ 候 31
コウ 功 27
＊ゴク 極 82
こころみる 試 56

このむ	好	18
＊ころも	衣	53
＊コン	建	76

さ

サ	佐	87
サ	差	53
サイ	菜	63
サイ	最	25
さい	埼	86
ザイ	材	22
さかえる	栄	55
さき	崎	87
サク	昨	82
さす	差	53
サツ	察	18
サツ	刷	32
サツ	札	69
さます	覚	6
さます	冷	60
さめる	覚	6
さめる	冷	60
サン	散	50
サン	参	12
サン	産	55
ザン	残	59

し

シ	試	56
シ	氏	80
シ	司	13
ジ	児	50
ジ	辞	15
＊ジ	滋	87
ジ	治	16
しお	塩	55
しか	鹿	56
しず	静	67
しずか	静	67
しずまる	静	67
しずめる	静	67
シツ	失	7
シャク	借	8
シュ	種	16
＊シュウ	祝	56
シュウ	周	67
シュク	祝	56
ジュン	順	16
ショ	初	25
ショウ	照	56
＊ショウ	井	63
＊ショウ	清	21
ショウ	松	63
＊ショウ	焼	25
＊ショウ	笑	24
ショウ	省	56
ショウ	唱	69
＊ジョウ	成	15
ジョウ	城	63
＊ジョウ	静	67
＊ジョウ	縄	64
しるし	印	32
しろ	城	63
シン	信	84
シン	臣	82
ジン	臣	82

す

す	巣	6
すえ	末	31
すく	好	18
＊すこやか	健	26
する	刷	32

せ

セイ	成	15
セイ	静	67
＊セイ	井	63
セイ	清	21
セイ	省	56
＊ゼイ	説	15
セキ	席	24
セキ	積	41
せき	関	19
＊セチ	節	53
セツ	説	15
セツ	節	53
セツ	折	32
＊せる	競	25
セン	選	33
セン	戦	48
＊セン	浅	50
ゼン	然	8

そ

ソウ	争	48
＊ソウ	巣	6
ソウ	倉	6
＊そうろう	候	31
ソク	束	24
ソク	側	64
ゾク	続	7
そこ	底	50
ソツ	卒	46
＊そめる	初	25
ソン	孫	67

た

タイ	帯	48
タイ	隊	49
たぐい	類	12
たたかう	戦	48
タツ	達	26
たつ	建	76
たてる	建	76
たとえる	例	7
たね	種	16
たば	束	24
＊たみ	民	84
＊ためす	試	56
たより	便	16
タン	単	53

ち

チ	置	53
チ	治	16
＊チュウ	沖	47
＊チュウ	仲	79
チョウ	兆	70
ちらかす	散	50
ちらかる	散	50
ちらす	散	50
ちる	散	50

つ

つく	付	40
つける	付	40
つたう	伝	8
つたえる	伝	8
つたわる	伝	8
つづく	続	7
つづける	続	7
つつむ	包	7
つとめる	努	8
つむ	積	41
つめたい	冷	60
つもる	積	41
つらなる	連	15
つらねる	連	15
つれる	連	15

て

テイ	底	50
テイ	低	60
テキ	的	32
てらす	照	56
てる	照	56
てれる	照	56
テン	典	15
デン	伝	8

と

ト	徒	43
ド	努	8
トウ	灯	46
ドウ	働	6
トク	特	25
トク	徳	79
とく	説	15
とち	栃	86
となえる	唱	69
とばす	飛	18
とぶ	飛	18
とみ	富	43
とむ	富	43
とも	共	31

な

ナ	奈	87
な	菜	63
ない	無	55
なおす	治	16
なおる	治	16
なか	仲	79
なく	泣	49
なし	梨	76
なす	成	15

読み	漢字	ページ
なる	成	15
なわ	縄	64
＊ニ	児	50

ね

読み	漢字	ページ
ねがう	願	40
ネツ	熱	21
ネン	念	64
ネン	然	8

の

読み	漢字	ページ
のこす	残	59
のこる	残	59
のぞむ	望	27

は

読み	漢字	ページ
ハイ	敗	27
バイ	梅	67
＊はえ	栄	55
＊はえる	栄	55
はかる	量	21
ハク	博	19
＊バク	博	19
はじめ	初	25
はじめて	初	25
はた	旗	25
＊はた	機	19
はたす	果	19
はたらく	働	6
＊ハッ	法	12
はつ	初	25
＊バツ	末	31
はて	果	19
はてる	果	19
はぶく	省	56
＊ハン	阪	87
ハン	飯	48

ひ

読み	漢字	ページ
ヒ	飛	18
＊ひ	灯	46
ひえる	冷	60
ひくい	低	60
ひくまる	低	60
ひくめる	低	60
ヒツ	必	32
ひや	冷	60
ひやかす	冷	60
ひやす	冷	60
ヒョウ	兵	49
ヒョウ	票	46
ヒョウ	標	42
ビン	便	16

ふ

読み	漢字	ページ
フ	府	69
フ	富	43
フ	阜	86
フ	夫	41
フ	不	59
フ	付	40
ブ	不	59
ブ	無	55
＊フウ	富	43
＊フウ	夫	41
フク	副	82
＊ふける	老	60
ふし	節	53
ふだ	札	69

へ

読み	漢字	ページ
べ	辺	63
ヘイ	兵	49
ベツ	別	12
ヘン	変	7
ヘン	辺	63
ベン	便	16

ほ

読み	漢字	ページ
ホウ	包	7
ホウ	法	12
ボウ	望	27
ボク	牧	79
＊ホッ	法	12

ま

読み	漢字	ページ
まいる	参	12
＊まき	牧	79
まご	孫	67
まち	街	46
マツ	末	31
まつ	松	63
まと	的	32
まわり	周	67
マン	満	60

み

読み	漢字	ページ
ミ	未	60
みたす	満	60
みちる	満	60
ミン	民	84

む

読み	漢字	ページ
ム	無	55
むすぶ	結	19
むら	群	42
むれ	群	42
むれる	群	42

め

読み	漢字	ページ
め	芽	13
めし	飯	48

も

読み	漢字	ページ
＊モウ	望	27
もっとも	最	25
もとめる	求	8

や

読み	漢字	ページ
ヤク	約	24
やく	焼	25
やける	焼	25
やしなう	養	55
やぶれる	敗	27
＊やめる	辞	15

ゆ

読み	漢字	ページ
ユウ	勇	84
＊ゆう	結	19
＊ゆわえる	結	19

よ

読み	漢字	ページ
よい	良	61
ヨウ	要	32
ヨウ	養	55
ヨク	浴	43

り

読み	漢字	ページ
リ	利	16
リク	陸	61
リョウ	料	12
リョウ	良	61
リョウ	漁	21
リョウ	量	21
リン	輪	49

る

読み	漢字	ページ
ルイ	類	12

れ

読み	漢字	ページ
レイ	例	7
レイ	令	70
レイ	冷	60
レン	連	15

ろ

読み	漢字	ページ
ロウ	老	60
ロウ	労	82
ロク	録	8

わ

読み	漢字	ページ
わ	輪	49
わかれる	別	12
わらう	笑	24

4年 漢字のまとめ

学力しんだんテスト①

名前

月　日

時間 30分

ごうかく80点

／100

答え 13ページ

1 ――線の漢字の読みがなを書きましょう。　一つ1点（25点）

① 「必勝」と書かれた旗を大きくふる。

② 牧場ののどかな風景をながめる。

③ 作家の記念館が来年の春ごろに完成する。

④ プログラムの順番がこれまでと変わる。

⑤ 出欠を取るので、席に着いてください。

2 □に漢字を書きましょう。　一つ1点（25点）

① □□《ぎょせん》をロープで□□《こてい》した。

② □《おっと》と水入らずで□□《なんべい》へ旅行に出かけた。

③ □《まつ》のもようの紙で□《つつ》む。

④ 図書館を□□□《せっきょくてき》に□□《りよう》する。

⑤ □《ねつ》があり□□《きゅうしょく》を少し□《のこ》した。

（切り取り線）

⑩ 平和 ↕ 戦□

4 次の中から、部首が同じものを五組見つけ、記号で答えましょう。（使わない漢字もあります） 一つ2点・順不同（10点）

ア 別　イ 敗　ウ 側　エ 刷
オ 牧　カ 健　キ 法　ク 順
ケ 散　コ 願　サ 害　シ 清

□と□　□と□　□と□　□と□　□と□

5 次の漢字の一画目は、たてですか、横ですか。たて画ならア、横画ならイと答えましょう。 一つ1点（6点）

① 臣（　）　② 験（　）
③ 散（　）　④ 博（　）
⑤ 求（　）　⑥ 関（　）

（切り取り線）

7 次の□に漢字を入れて、ことわざを完成させましょう。 一つ2点（16点）

① □《るい》は友を呼《よ》ぶ（気の合うものは、ひとりでに集まる。）

② □《や》け石に水（多少の手助けではきき目がない。）

③ □《な》き面《つら》にはち（こまっているときにさらにこまることが重なって起こる。）

④ □《とう》台もと暗し（身近にあるものは、かえって目につかない。）

⑤ 手□《しお》にかける（自分からめんどうを見て大切に育てる。）

⑥ □《す》きこそものの上手なれ（すきでやることは、上達が早い。）

⑦ □《おび》に短したすきに長し（ちゅうとはんぱで役に立たない。）

⑧ □《わら》う門《かど》には福来たる（いつもわらっている家には、幸せがおとずれる。）

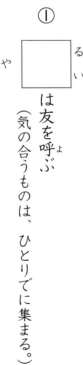

3 次の□に漢字を入れて、矢印の上と下の言葉が反対の意味になるようにしましょう。 一つ1点(10点)

① 最高 ↕ 最□

② 主食 ↕ □食

③ 人工 ↕ 自□

④ 深い ↕ □い

⑤ 温める ↕ □ます

⑥ 前半 ↕ □半

⑦ 最後 ↕ 最□

⑧ 有る ↕ □い

⑨ 悪い ↕ □い

---

6 次のたて書きの文や言葉に当てはまり、横書きの県名にも当てはまる漢字を□に書きましょう。 一つ1点(8点)

① しめ□かざり　沖□県

② □の皮をむく。　山□県

③ 羊の□れ　□馬県

④ □にえさをやる。　□児島県

⑤ 福□県　□戸をほる。

⑥ 宮□県　□をせめ落とす。

⑦ 謹《きん》□新年　佐□県

⑧ 花が□る。　□川県

(切り取り線)

⑥ 二輪車（　　　）に乗って新聞を配達（　　　）する。

⑦ 見上げると、頭上（　　　）に大きな鳥の巣（　　　）があった。

⑧ 昨年（　　　）とった写真を印刷（　　　）する。

⑨ 努力（　　　）を重ねた末（　　　）、すばらしい結果（　　　）を出した。

⑩ 向こう側（　　　）の線路には貨物（　　　）列車が走っている。

⑪ 父の愛読書（　　　）がざっしの特集（　　　）にのっていた。

⑫ 失敗（　　　）はいつか成功（　　　）につながる。

（切り取り線）

---

⑥ □□して、円の□□をはかる。

⑦ □□《なかま》で集まり、□□□《かいすいよく》を楽しむ。

⑧ □□《しんごう》をたしかめずに□《と》び出すな。

⑨ □□《きぼう》する日時を□《つた》える。

⑩ □《かがみ》の前で、□□《いふく》を着がえる。

⑪ 高校を□□《そつぎょう》したら、□《はたら》きたい。

⑫ よい□□《きこう》になったので、□《たね》をまく。

⏎うらにも問題があります。

3 次の漢字の赤い部分は、何画目に書きますか。数字で答えましょう。 一つ1点(4点)

① 覚 □画目

② 飛 □画目

③ 輪 □画目

④ 希 □画目

4 次の□に、右でしめした読み方をする漢字を入れて、じゅく語や文を完成させましょう。 一つ1点(6点)

① リョウ

ア 大□に買う。

イ 大□旗をあげる。

ウ □心的な店。

② ショウ

ア □明器具

イ □竹梅

ウ 二部合□

6 次の文から、まちがって使われている漢字をぬき出して、正しい漢字を書きましょう。 一つ1点(14点)

例 海低《かいてい》に住《す》む生《い》き物《もの》について調《しら》べる。 × 低 ○ 底

① 生《う》まれて始《はじ》めて入院《にゅういん》する。 × □ ○ □

② 父《ちち》は郡馬県《ぐんまけん》の出身《しゅっしん》です。 × □ ○ □

③ 洋服《ようふく》に赤《あか》や緑《みどり》のボタンを着《つ》ける。 × □ ○ □

④ 兄《あに》は親切《しんせつ》だし有気《ゆうき》もある。 × □ ○ □

⑤ 国語事典《こくごじてん》で調《しら》べる。 × □ ○ □

⑥ 姉《あね》と共《とも》に大坂《おおさか》へ行《い》く。 × □ ○ □

⑦ 白物館《はくぶつかん》に出《で》かける。 × □ ○ □

（切り取り線）

⑥ 昼食用ににぎり 飯（　　） を作って、持参（　　） する。

⑦ 埼玉（　　） 県は東京都の北に 位置（　　） している。

⑧ 街頭（　　） で見た手品は 不思議（　　） に 満（　　） ちていた。

⑨ 軍手（　　） をしっかりはめて 水道管（　　） の工事をする。

⑩ 英単語（　　） を暗記するよい 方法（　　） を考えた。

⑪ 連続（　　） してゴールの 右側（　　） にシュートを決めた。

⑫ 父は四十代 半（　　） ばで地元の 滋賀（　　） 県にもどった。

---

⑥ 明日の □□ は百点が □□ だ。

⑦ 班《はん》で □□《きょうりょく》 して虫を □□《かんさつ》 する。

⑧ □□《じどう》 向けの □□《かいが》 教室に通う。

⑨ □《しろ》 の □□《しゅうへん》 を □□《さんぽ》 する。

⑩ □□《おおいた》 に住むいとこと □□《やくそく》 をした。

⑪ □□《にいがた》 県は米の □□《さんち》 として有名だ。

⑫ □□《えひめ》 と □□《とくしま》 は四国にある県だ。

うらにも問題があります。

この「丸つけラクラクかいとう」はとりはずしてお使《つか》いください。

教科書ぴったりトレーニング

丸つけラクラクかいとう

東京書籍版 漢字4年

「丸つけラクラクかいとう」では問題《もんだい》と同じ紙面《しめん》に、赤字で答えを書いています。

①問題がとけたら、まずは答え合わせをしましょう。

②まちがえた問題やわからなかった問題は、ぴったり１にもどったり、教科書を見返《みかえ》したりして、もう一度《いちど》見直しましょう。

見やすい答え

てびき

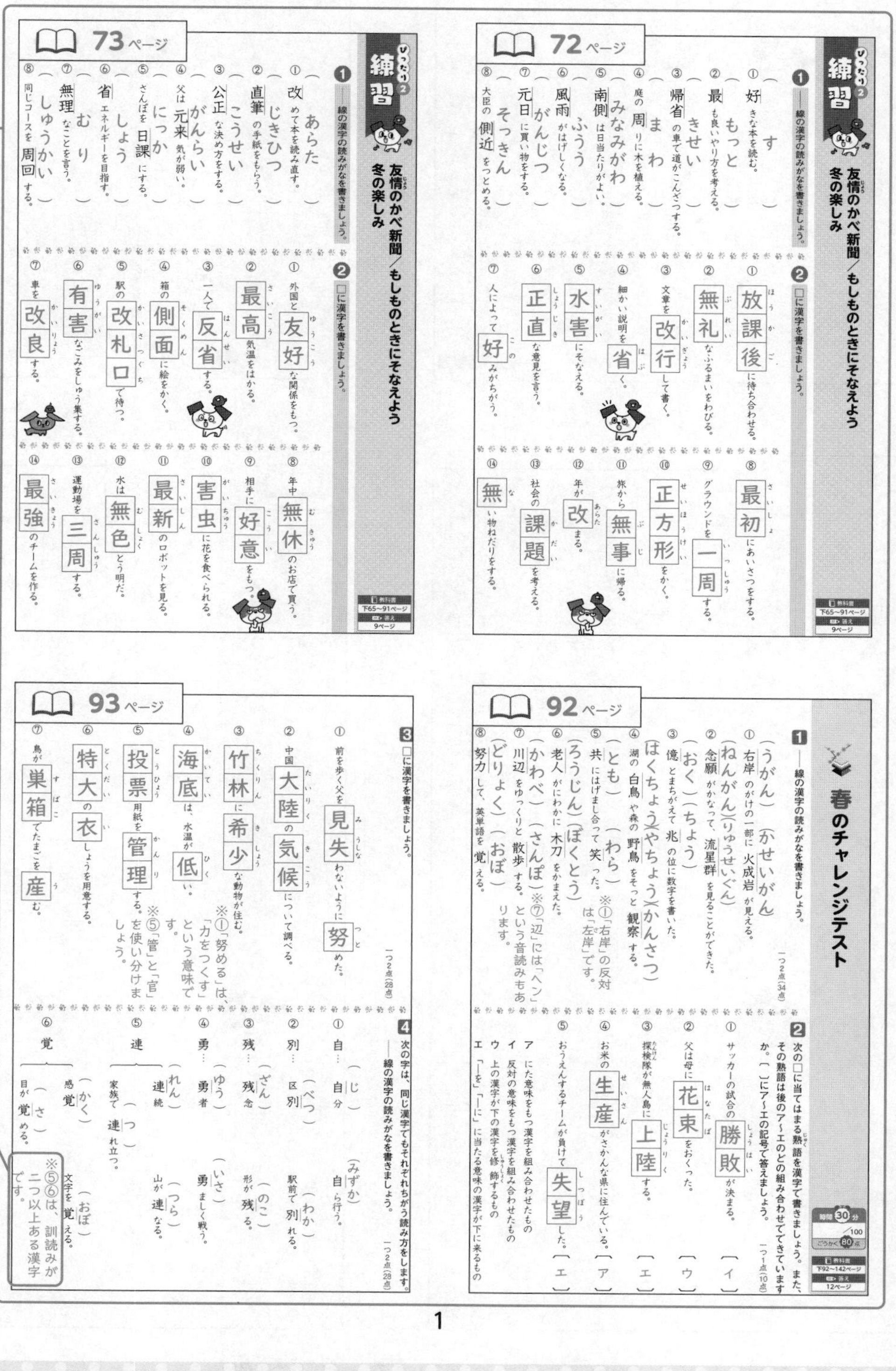

72ページ　練習　友情のかべ新聞／もしものときにそなえよう　冬の楽しみ

1 ―線の漢字の読みがなを書きましょう。

① 好きな本を読む。（す）
② 最も良いやり方を考える。（もっと）
③ 帰省の車で道がこんざつする。（きせい）
④ 庭の周りに木を植える。（まわ）
⑤ 南側は日当たりがよい。（みなみがわ）
⑥ 風雨がはげしくなる。（ふうう）
⑦ 元日に買い物をする。（がんじつ）
⑧ 大臣の側近をつとめる。（そっきん）

2 □に漢字を書きましょう。

① 放課後に待ち合わせる。
② 無礼なふるまいをわびる。
③ 文章を改行して書く。
④ 細かい説明を省く。
⑤ 水害にそなえる。
⑥ 正直な意見を言う。
⑦ 人によって好みがちがう。
⑧ 最初にあいさつをする。
⑨ グラウンドを一周する。
⑩ 正方形をかく。
⑪ 旅から無事に帰る。
⑫ 年が改まる。
⑬ 社会の課題を考える。
⑭ 無い物ねだりをする。

教科書 下65～91ページ　答え 9ページ

73ページ

1
① 改めて本を読み直す。（あらた）
② 直筆の手紙をもらう。（じきひつ）
③ 公正な決め方をする。（こうせい）
④ 父は元来気が弱い。（がんらい）
⑤ さんぽを日課にする。（にっか）
⑥ 省エネルギーを目指す。（しょう）
⑦ 無理なことを言う。（むり）
⑧ 同じコースを周回する。（しゅうかい）

2
① 外国と友好な関係をもつ。
② 最高気温をはかる。
③ 一人で反省する。
④ 箱の側面に絵をかく。
⑤ 駅の改札口で待つ。
⑥ 有害なごみをしゅう集する。
⑦ 車を改良する。
⑧ 年中無休のお店で買う。
⑨ 相手に好意をもつ。
⑩ 害虫に花を食べられる。
⑪ 最新のロボットを見る。
⑫ 水は無色とう明だ。
⑬ 運動場を三周する。
⑭ 最強のチームを作る。

92ページ　春のチャレンジテスト

1 ―線の漢字の読みがなを書きましょう。　一つ2点（34点）

① 右岸のがけの一部に火成岩が見える。（うがん）（かせいがん）
② 念願がかなって、流星群を見ることができた。（ねんがん）（りゅうせいぐん）
③ 億とまちがえて兆の位に数字を書いた。（おく）（ちょう）
④ 湖の白鳥や森の野鳥をそっと観察する。（はくちょう）（やちょう）（かんさつ）
⑤ 共にはげまし合って笑った。（とも）（わら）
⑥ 老人がにわかに木刀をかまえた。（ろうじん）（ぼくとう）
⑦ 川辺をゆっくりと散歩する。（かわべ）（さんぽ）
⑧ 努力して、英単語を覚える。（どりょく）（おぼ）

※①「右岸」の反対は「左岸」です。
※⑦「辺」には「ベ」「へん」という音読みもあります。

2 次の□に当てはまる熟語を漢字で書きましょう。また、その熟語は後のア～エのどの組み合わせでできていますか。（　）にア～エの記号で答えましょう。　一つ1点（10点）

① サッカーの試合の勝敗が決まる。（イ）
② 父は母に花束をおくった。（ウ）
③ 探検隊が無人島に上陸する。（エ）
④ お米の生産がさかんな県に住んでいる。（ア）
⑤ おうえんするチームが負けて失望した。（エ）

ア 似た意味をもつ漢字を組み合わせたもの
イ 反対の意味をもつ漢字を組み合わせたもの
ウ 上の漢字が下の漢字を修飾するもの
エ 「を」「に」に当たる意味の漢字が下に来るもの

時間30分　100　ごうかく80点　教科書 下92～142ページ　答え 12ページ

93ページ

3 □に漢字を書きましょう。　一つ2点（28点）

① 前を歩く父を見失わないように努めた。
② 中国大陸の気候について調べる。
③ 竹林に希少な動物が住む。
④ 海底は、水温が低い。
⑤ 投票用紙を管理する。
⑥ 特大の衣しょうを用意する。
⑦ 鳥が巣箱でたまごを産む。

※①「努める」は、「力をつくす」という意味です。
※⑤「管」と「官」を使い分けましょう。

4 次の字は、同じ漢字でもそれぞれちがう読み方をします。―線の漢字の読みがなを書きましょう。　一つ2点（28点）

① 自… 自分（じ）　自ら行う。（みずか）
② 別… 区別（べつ）　駅前で別れる。（わか）
③ 残… 残念（ざん）　形が残る。（のこ）
④ 勇… 勇者（ゆう）　勇ましく戦う。（いさ）
⑤ 連… 連続（れん）　家族で連れ立つ。（つ）　山が連なる。（つら）
⑥ 覚… 感覚（かく）　目が覚める。（さ）　文字を覚える。（おぼ）

※⑤⑥は、訓読みが二つ以上ある漢字です。

※紙面はイメージです。

2ページ

ふくしゅう 三年生で習った漢字①

1 ——線の漢字の読みがなを書きましょう。

① 毎日、早く起きる。（お）
② 豆ごはんを食べる。（まめ）
③ 人物の気持ちを考える。（じんぶつ）
④ 野球の練習をする。（れんしゅう）
⑤ 百科事てんをつかう。（じ）
⑥ 水を使って遊ぶ。（つか）
⑦ すこやかに育つ。（そだ）
⑧ 水泳の大会に出る。（すいえい）

2 □に漢字を書きましょう。

① ひまわりの葉《は》をさわる。
② 一面《いちめん》に花畑が広がる。
③ かえるは緑色《みどりいろ》をしている。
④ 感心《かんしん》してほめる。
⑤ 弟の様子《ようす》をつたえる。
⑥ 横《おう》だん歩道をわたる。
⑦ 国の人口《じんこう》が二倍《にばい》になる。
⑧ 図書館《としょかん》に出かける。
⑨ 意味《いみ》を考えながら漢字を書く。
⑩ てきから身《み》をかくす。
⑪ 夏の活動《かつどう》をまとめる。
⑫ バスのとびらが開《ひら》く。
⑬ 係《かかり》の仕事をがんばる。
⑭ 自分の考えを発表《はっぴょう》する。

答え 2ページ

3ページ

ふくしゅう 三年生で習った漢字②

1 ——線の漢字の読みがなを書きましょう。

① 新しい先生が登場する。（とうじょう）
② どんぐりを集める。（あつ）
③ 暑い夏はプールで遊びたい。（あつ）
④ こまっている人を助ける。（たす）
⑤ 道でさいふを落とす。（お）
⑥ バットでボールを打つ。（う）
⑦ 国語のテストを受ける。（う）
⑧ 陽光がさす道を歩く。（ようこう）

2 □に漢字を書きましょう。

① 船で小さな島《しま》にわたる。
② 安心《あんしん》してねむる。
③ 先生に理由《りゆう》を話す。
④ 次《つぎ》の人に声をかける。
⑤ 日本の農業《のうぎょう》について学ぶ。
⑥ 命《いのち》を大切にする。
⑦ 友だちにじゃんけんで勝《か》つ。
⑧ 屋根《やね》に雪がつもる。
⑨ お化《ば》けやしきに入る。
⑩ あたたかい服を着《き》る。
⑪ ぎょうざの皮《かわ》をつつむ。
⑫ 消《しょう》ぼう車とすれちがう。
⑬ 運《はこ》ばれてきた物をならべる。
⑭ 路線《ろせん》バスに乗る。

答え 2ページ

4ページ

ふくしゅう 三年生で習った漢字③

1 ——線の漢字の読みがなを書きましょう。

① 昔の話を聞く。（むかし）
② 文を短くまとめる。（みじか）
③ 調べたことを整理する。（せいり）
④ 犬について研究する。（けんきゅう）
⑤ 大きな店で飲食する。（いんしょく）
⑥ マスクで鼻をおおう。（はな）
⑦ 坂の途中で立ち止まる。（さか）
⑧ 四年生に進級する。（しんきゅう）

2 □に漢字を書きましょう。

① 体そう服《ふく》を持ち帰る。
② 車両《しゃりょう》を軽くする。
③ 新しい家具《かぐ》を買う。
④ 水の温度《おんど》を下げる。
⑤ たなに植物《しょくぶつ》をかざる。
⑥ 銀《ぎん》メダルをもらう。
⑦ 山の神様《かみさま》をまつる。
⑧ 医者《いしゃ》になりたいと思う。
⑨ 湖《みずうみ》でボートに乗る。
⑩ 近くの空港《くうこう》で写真をとる。
⑪ 本の世界《せかい》を楽しむ。
⑫ 店の前に長い列《れつ》ができる。
⑬ 岸《きし》の近くで遊ぶ。
⑭ おもちゃを放《ほう》り投げる。

答え 2ページ

5ページ

ふくしゅう 三年生で習った漢字④

1 ——線の漢字の読みがなを書きましょう。

① 幸せな人生をねがう。（しあわ）
② 父は昭和生まれだ。（しょうわ）
③ 安全を第一に考える。（だいいち）
④ 福わらいで遊ぶ。（ふく）
⑤ クイズで一等になる。（いっとう）
⑥ 予定通りに出発する。（よてい）
⑦ 古代の王宮を見学する。（おうきゅう）
⑧ 去年のことを思い出す。（きょねん）

2 □に漢字を書きましょう。

① 悲《かな》しい気持ちを話す。
② 商品《しょうひん》を買う。
③ 友だちが転校《てんこう》する。
④ 犬を追《お》いかける。
⑤ 校庭《こうてい》でドッジボールをする。
⑥ 旅館《りょかん》のおかみさんと話す。
⑦ 長い階《かい》だんを上る。
⑧ 重《おも》いふくろを運ぶ。
⑨ 先生にお礼《れい》を言う。
⑩ 待《ま》ち合わせ場所を決める。
⑪ わずか数秒《すうびょう》の時間。
⑫ かぜをひいて病院《びょういん》に行く。
⑬ 笛《ふえ》をふいて知らせる。
⑭ 波《なみ》がおだやかな日。

答え 2ページ

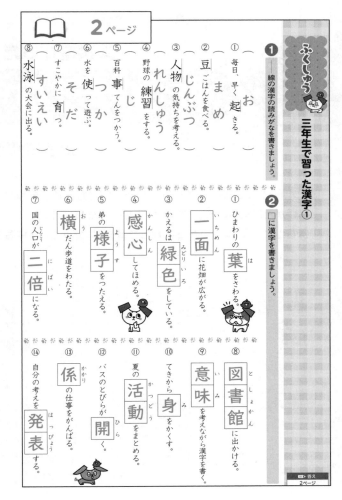

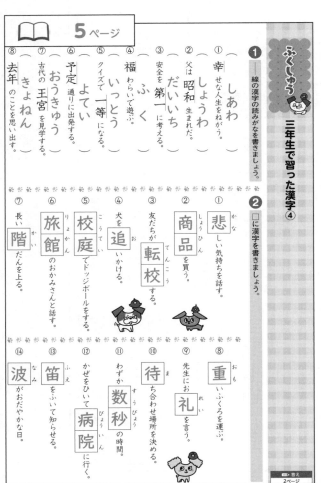

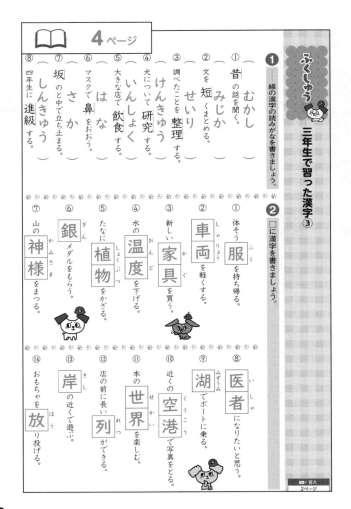

10ページ

ぴったり2 練習

こわれた千の楽器《がっき》／漢字を使おう1

1 ――線の漢字の読みがなを書きましょう。

①（きよう）兄は手先が器用だ。
②（すばこ）ハチの巣箱を木の下に置《お》く。
③（さ）夜中に目を覚ます。
④（しつげん）失言したことをあやまる。
⑤（たと）動物に例える。
⑥（つづ）雨がふり続く。
⑦（ろくおん）録音したデータを聞く。
⑧（みずか）自ら名前を記す。

2 □に漢字を書きましょう。

① のき下にツバメの巣《す》がある。
② 兄は東京で働《はたら》くことになった。
③ チャンスを失《うしな》う。
④ 例題《れいだい》を参考にする。
⑤ 話し合いで案《あん》を出す。
⑥ エジソンの伝記《でんき》を読む。
⑦ まほうの力で変身《へんしん》する。
⑧ 友だちにペンを借《か》りる。
⑨ 理想の美を追求《ついきゅう》する。
⑩ 手紙で思いを伝《つた》える。
⑪ 話し合いの記録係《きろくがかり》。
⑫ 努力《どりょく》が実をむすぶ。
⑬ だれもが当然《とうぜん》のように知る。
⑭ 中立《ちゅうりつ》の立場で見守る。

教科書 上16～27ページ 答え 3ページ

11ページ

ぴったり2 練習

こわれた千の楽器《がっき》／漢字を使おう1

1 ――線の漢字の読みがなを書きましょう。

①（そうこ）とび箱を体育倉庫にしまう。
②（はっかく）あらたな事実が発覚する。
③（しょうしつ）データが消失する。
④（だいあん）代案を考える。
⑤（ぞくしゅつ）けが人が続出する。
⑥（しゃっきん）借金を返す。
⑦（へんか）気温の変化がはげしい。
⑧（つと）努めて失敗がないようにする。

2 □に漢字を書きましょう。

① 消火器《しょうかき》の使い方を学ぶ。
② ノートに書いて覚《おぼ》える。
③ よりよい労《ろう》働《どう》かんきょう。
④ 持ち物をふろしきで包《つつ》む。
⑤ 具体例《ぐたいれい》を出す。
⑥ 地区の案内図《あんないず》を見る。
⑦ 努力し続《つづ》ける。
⑧ いそがしいので予定を変《か》える。
⑨ 父の思いが伝《つた》わる。
⑩ 母に直《ただ》ちにれんらくする。
⑪ 真実を追い求《もと》める。
⑫ テレビ番組を録画《ろくが》する。
⑬ 自《みずか》ら申し出る。
⑭ 天然《てんねん》の温泉がわく。

14ページ

ぴったり2 練習

図書館へ行こう／話を聞いて質問《しつもん》しよう

1 ――線の漢字の読みがなを書きましょう。

①（りょうり）台所で料理を作る。
②（たぐ）お化けの類いは苦手だ。
③（さんれつ）けっこん式に参列する。
④（わか）学校の前で友だちと別れる。
⑤（くわ）力が加わる。
⑥（ほう）一定の法則を見つける。
⑦（め）チューリップが芽を出す。
⑧（しょるい）つくえの上に書類がある。

2 □に漢字を書きましょう。

① 植物を分類《ぶんるい》する。
② 新しい方法《ほうほう》を考え出す。
③ 食品の原料《げんりょう》を調べる。
④ 昔の写真とはまるで別人《べつじん》だ。
⑤ 少し油を加《くわ》える。
⑥ パーティーの司会《しかい》をする。
⑦ アサガオの発芽《はつが》を記録する。
⑧ 食事の作法《さほう》にきびしい。
⑨ 食料《しょくりょう》を調達する。
⑩ 神社にお参《まい》りする。
⑪ 図書館の司書《ししょ》。
⑫ 野球選手としての芽《め》が出る。
⑬ 参加者《さんかしゃ》を集める。
⑭ ごみを分別《ぶんべつ》する。

教科書 上28～37ページ 答え 3ページ

17ページ

ぴったり2 練習

漢字辞典の使い方

1 ――線の漢字の読みがなを書きましょう。

①（じしょ）辞書を引く。
②（な）成り立ちについて発表する。
③（と）しあいのルールを説く。
④（つら）四方に山々が連なる。
⑤（じゅんばん）列の順番を守る。
⑥（たね）植物の種から油をとる。
⑦（びん）文具店で便せんを買う。
⑧（おさ）国を治める。

2 □に漢字を書きましょう。

① 書店で国語辞典《じてん》を買う。
② チャレンジに成《せい》功《こう》する。
③ 先生の説明《せつめい》を聞く。
④ 連《つ》れ立って歩く。
⑤ 数の多い順《じゅん》にならべる。
⑥ 花の品種《ひんしゅ》を研究する。
⑦ 漢字の音訓《おんくん》を調べる。
⑧ 旅先からの便《たよ》りがとどく。
⑨ ゲームを有利《ゆうり》に進める。
⑩ 入院して病気を治《なお》す。
⑪ 出典《しゅってん》を調べる。
⑫ 言葉を連想《れんそう》する。
⑬ 名前を書き連《つら》ねる。
⑭ 便利《べんり》な乗り物。

教科書 上38～41ページ 答え 3ページ

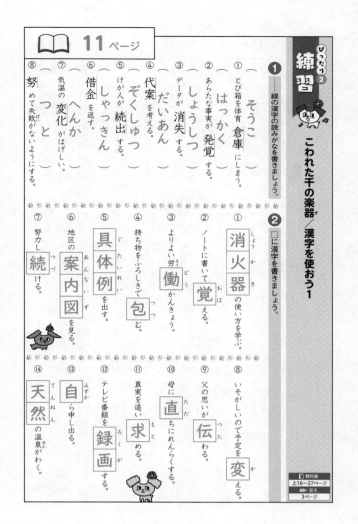

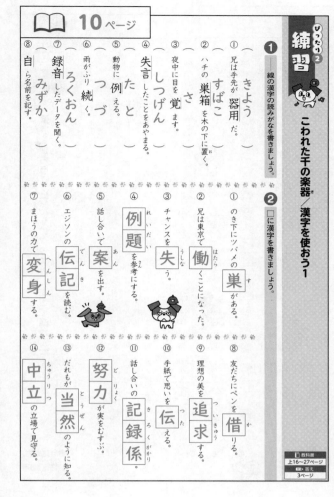

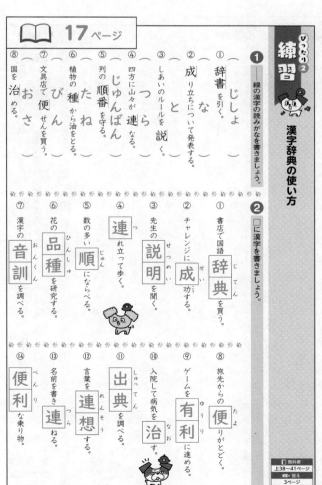

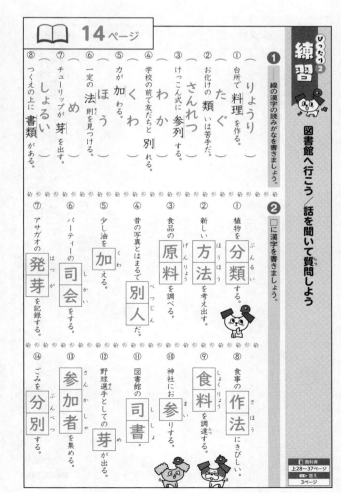

20ページ

練習 ぴったり2 ヤドカリとイソギンチャク

1 ――線の漢字の読みがなを書きましょう。

① メダカの成長を観察する。（かんさつ）
② 旅先で体験したことを書く。（たいけん）
③ トマトが好きです。（す）
④ ハクチョウが飛来する。（ひらい）
⑤ 関所について調べる。（せきしょ）
⑥ くつひもを結ぶ。（むす）
⑦ 飛行機に乗る。（ひこうき）
⑧ だれからも好かれる。（す）

2 □に漢字を書きましょう。

① 観客《かんきゃく》が多い。
② 警察《さつ》官を目ざしている。
③ 海外旅行を経験《けん》する。
④ 体調は良好《こう》だ。
⑤ 風船を空へと飛《と》ばす。
⑥ 事けんとの関《かか》わりはない。
⑦ 父と博物館《はくぶつかん》をめぐる。
⑧ 勝負の結果《けっか》を聞く。
⑨ 道に飛《と》び出してはいけません。
⑩ 親子の関係《かんけい》を考える。
⑪ 機関車《きかんしゃ》の展示《てんじ》を見る。
⑫ 力士が大関《おおぜき》になる。
⑬ 人によって好《この》みがちがう。
⑭ 約束《やくそく》を果《は》たす。

教科書 上42〜52ページ　答え 4ページ

23ページ

練習 ぴったり2 漢字を使おう2／わたしのクラスの「生き物図かん」

1 ――線の漢字の読みがなを書きましょう。

① 体重を量る。（はか）
② 新しいダムが完成する。（かんせい）
③ マグロの漁が始まる。（りょう）
④ 明朝に学校へ行く。（みょうちょう）
⑤ 清流に住む魚。（せいりゅう）
⑥ 公害の発生をふせぐ。（こうがい）
⑦ 体が熱い。（あつ）
⑧ 学級新聞の取材をする。（しゅざい）

2 □に漢字を書きましょう。

① 少量《しょうりょう》のおやつを食べる。
② 夜中に発熱《はつねつ》する。
③ あたたかい言葉に心が清《きよ》まる。
④ 災《さい》害《がい》から身を守る。
⑤ 工作の材料《ざいりょう》をそろえる。
⑥ 物語が完結《かんけつ》する。
⑦ 清水《しみず》の流れる音を聞く。
⑧ メモを清書《せいしょ》する。
⑨ 近くの海は良《よ》い漁場《ぎょじょう》だ。
⑩ お店で画材《がざい》を買う。
⑪ しおの分量《ぶんりょう》を調べる。
⑫ 明日《みょうにち》に出発する。
⑬ 白熱《はくねつ》したしあいだった。
⑭ 害虫《がいちゅう》を追いはらう。

教科書 上53〜61ページ　答え 4ページ

28ページ

練習 ぴったり2 走れ／漢字を使おう3／人物の気持ちと行動を表す言葉／山場のある物語を書こう

1 ――線の漢字の読みがなを書きましょう。

① 約束の時間を守る。（やくそく）
② 自動車が走行する。（そうこう）
③ 大きな競馬場が見える。（けいばじょう）
④ 初級の問題をとく。（しょきゅう）
⑤ 国旗をかかげる。（こっき）
⑥ 最も良《よ》いやり方を考える。（もっと）
⑦ 文明が発達する。（はったつ）
⑧ かれの功績をたたえる。（こう）

2 □に漢字を書きましょう。

① 家事を手伝《てつだ》う。
② 約《やく》二千人の観客が集まった。
③ おいわいの花束《はなたば》をおくる。
④ 会長が着席《ちゃくせき》する。
⑤ 順位《じゅんい》をたしかめる。
⑥ テレビを見て大声で笑《わら》う。
⑦ 特別《とくべつ》な料理を食べる。
⑧ グリルで魚を焼《や》く。
⑨ 運動会の徒《と》競走《きょうそう》。
⑩ 初《はじ》めてコーヒーを飲む。
⑪ 旗《はた》をふっておうえんする。
⑫ 最初《さいしょ》にあいさつをする。
⑬ 健康《けんこう》のために運動をする。
⑭ 手紙を速達《そくたつ》で出す。

教科書 上62〜85ページ　答え 4ページ

29ページ

練習 ぴったり2 走れ／漢字を使おう3／人物の気持ちと行動を表す言葉／山場のある物語を書こう

1 ――線の漢字の読みがなを書きましょう。

① 弟の望みをかなえる。（のぞ）
② 長男と長女。（なん）
③ 志《こころざし》半ばでゆめをあきらめた。（なか）
④ 初夏にみかんを食べる。（しょか）
⑤ 祖父母《そふぼ》は健在だ。（けん）
⑥ 赤道をこえる旅をする。（せきどう）
⑦ 十の位をくり下げる。（くらい）
⑧ 友達にプレゼントをわたす。（ともだち）

2 □に漢字を書きましょう。

① かみの毛を束《たば》ねる。
② 運転席《うんてんせき》にすわる。
③ わたしの特《とく》技はなわとびだ。
④ 西の空に夕焼《ゆうや》けが見える。
⑤ 初《はつ》日の出をおがむ。
⑥ 競泳《きょうえい》の中けいを見る。
⑦ 元日《がんじつ》にお参りへ行く。
⑧ 思わず赤面《せきめん》する。
⑨ 絵画《かいが》教室に通う。
⑩ テスト勉強が功《こう》を奏《そう》した。
⑪ 海外に行きたいと切望《せつぼう》する。
⑫ チームの勝敗《しょうはい》を見とどける。
⑬ さか上がりに成功《せいこう》する。
⑭ 望遠《ぼうえん》レンズを使う。

教科書 上62〜85ページ　答え 4ページ

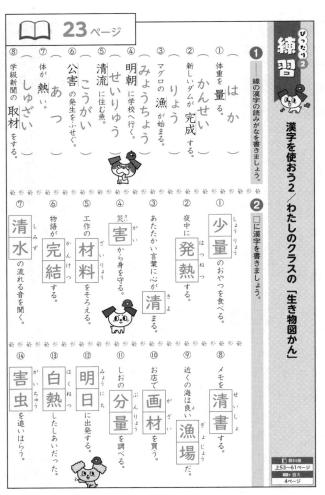

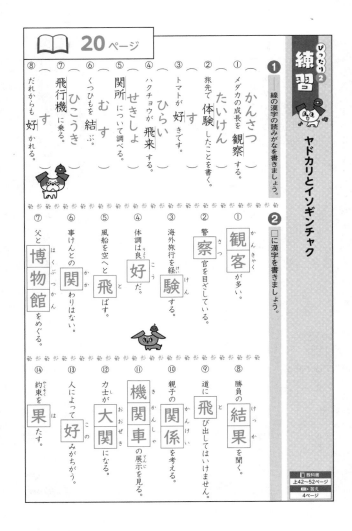

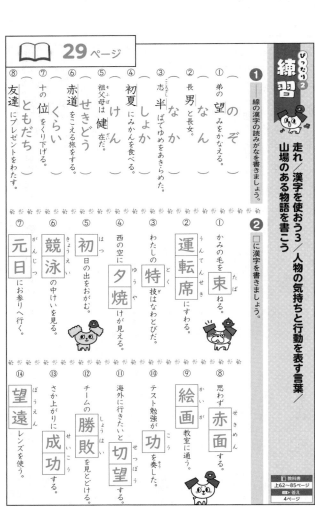

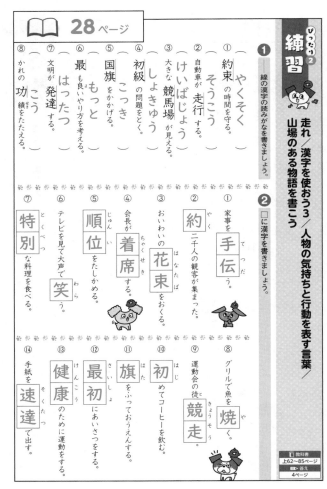

30ページ

練習 ぴったり2 走れ／漢字を使おう3／人物の気持ちと行動を表す言葉／山場のある物語を書こう

教科書 上62〜85ページ　答え 5ページ

1 ――線の漢字の読みがなを書きましょう。

① 教室から笑い声が聞こえる。（わら）
② 第一走者にえらばれる。（そうしゃ）
③ 観客席にすわる。（かんきゃくせき）
④ 引っこしを手伝う。（てつだ）
⑤ 特にさくらが好きだ。（とく）
⑥ 初めての海外旅行へ行く。（はじ）
⑦ 魚が焼けるにおいがする。（や）
⑧ 美術館で絵画を見る。（かいが）

2 □に漢字を書きましょう。

① 店を予約《よやく》する。
② マラソンの順位《じゅんい》を争《あらそ》う。
③ 健康《けんこう》的な食事を心がける。
④ 大きく旗《はた》をふる。
⑤ 最後《さいご》の力をふりしぼる。
⑥ 保《ほ》健《けん》室で熱をはかる。
⑦ 元日《がんじつ》におせちを食べる。
⑧ 手紙の文字が達筆《たっぴつ》だった。
⑨ 今日は次男《じなん》の誕《たん》生日だ。
⑩ 思わず赤面《せきめん》する。
⑪ 道のりの半《なか》ばまで進む。
⑫ 自チームが敗《やぶ》れると思う。
⑬ かれは人望《じんぼう》がある。
⑭ 友達《ともだち》とボールで遊ぶ。

34ページ

練習 ぴったり2 漢字を使おう4／ローマ字の書き方／広告を読みくらべよう

教科書 上86〜100ページ　答え 5ページ

1 ――線の漢字の読みがなを書きましょう。

① 共に力を合わせてがんばる。（とも）
② この勝負は分が悪い。（ぶ）
③ 春の気候をかくにんする。（きこう）
④ 折よく、父が帰ってきた。（おり）
⑤ ボールを的に当てる。（まと）
⑥ 必ずしもまちがいではない。（かなら）
⑦ 木版《はん》画を刷る。（す）
⑧ 野球選手になりたい。（せんしゅ）

2 □に漢字を書きましょう。

① 英語《えいご》を話す。
② 物語の結末《けつまつ》を読む。
③ 三人兄弟の末《すえ》っ子だ。
④ 愛鳥週間《あいちょうしゅうかん》が始まる。
⑤ 天候《てんこう》のよい日が続く。
⑥ 風向《かざむ》きが変わる。
⑦ 草のくきを折《お》る。
⑧ 二文字《ふたもじ》のじゅく語。
⑨ 広大《こうだい》な土地を管《かん》理する。
⑩ 大切な部分に印《しるし》をつける。
⑪ 目的《もくてき》をはっきりさせる。
⑫ みんなの力が必要《ひつよう》だ。
⑬ 正しい答えを選《えら》ぶ。
⑭ 新聞を印刷《いんさつ》する。

35ページ

練習 ぴったり2 漢字を使おう4／ローマ字の書き方／広告を読みくらべよう

教科書 上86〜100ページ　答え 5ページ

1 ――線の漢字の読みがなを書きましょう。

① 英会話を勉強する。（えいかいわ）
② 五月の気候を調べる。（きこう）
③ 文末の書き方をそろえる。（ぶんまつ）
④ ぬいぐるみに愛着がわく。（あいちゃく）
⑤ 部活の参加を要求する。（ようきゅう）
⑥ けむりが風下に動く。（かざしも）
⑦ 二手に分かれる。（ふたて）
⑧ カードに名前を印字する。（いんじ）

2 □に漢字を書きましょう。

① 二人の共通点《きょうつうてん》をさがす。
② 話し合った末《すえ》に結論が出た。
③ 広大《こうだい》な土地をたがやす。
④ わたしの愛読書《あいどくしょ》。
⑤ この冬の天候《てんこう》を予想する。
⑥ 紙とストローで風車《かざぐるま》を作る。
⑦ 次の十字路を左折《させつ》する。
⑧ 友達の意見に共感《きょうかん》する。
⑨ 色《しき》さいがゆたかな絵。
⑩ 平和的《へいわてき》解決を目指す。
⑪ ゴールまで必死《ひっし》に走る。
⑫ 自習のやり方を刷新《さっしん》する。
⑬ メンバーに選出《せんしゅつ》される。
⑭ かれはこのチームの要《かなめ》だ。

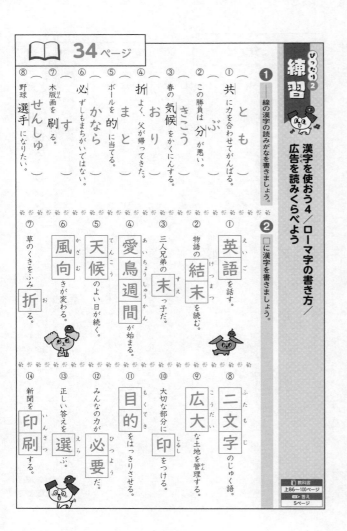

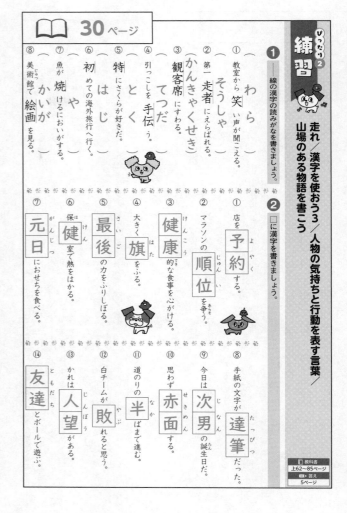

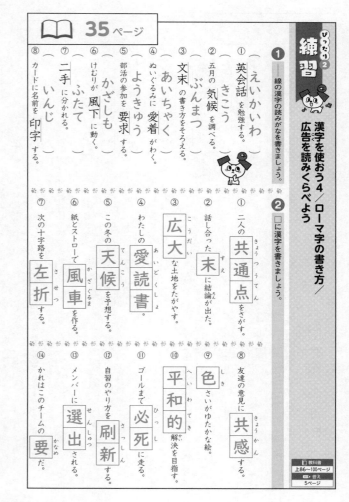

36ページ

夏のチャレンジテスト①

1 ――線の漢字の読みがなを書きましょう。 一つ2点(34点)

① 漁業(ぎょぎょう)にとても大きな害(がい)をおよぼす。
② 赤道(せきどう)に近い国の気候(きこう)。
③ 健康(けんこう)を心から望(のぞ)むなら、大いに笑(わら)おう。
④ 失敗(しっぱい)から学んで大きな成功(せいこう)につなげる。
⑤ 印刷(いんさつ)された用紙が十まい必要(ひつよう)だ。
⑥ 一位(いちい)をめざすことを友に約束(やくそく)する。
⑦ 旗(はた)には大きな字で英語(えいご)が書かれている。
⑧ すぐれた選手(せんしゅ)と競走(きょうそう)する。

※④「失敗」と「成功」はまとめて覚えましょう。

2 ――線のひらがなを、漢字と送りがなに分けて書きましょう。 一つ2点(16点)

① かならず持ってくること。 (必―ず)
※「必」は筆順にも注意しましょう。
② 都市の名前をおぼえる。 (覚―える)
※「覚(さ)める」という読みもあります。
③ いきなり四点をうしなう。 (失―う)
④ 大きな会社ではたらく。 (働―く)
⑤ われたガラスを新聞紙でつつむ。 (包―む)
※「包」は五画で書きます。
⑥ りんごの数をもとめる。 (求―める)
⑦ ボウルの中に水をくわえる。 (加―える)
⑧ 国王が国をおさめる。 (治―める)

時間30分 /100 ごうかく80点
教科書 上16~100ページ 答え 6ページ

37ページ

3 □に漢字を書きましょう。 一つ2点(28点)

① 自然《しぜん》を観察《かんさつ》する。
② 倉庫《そうこ》を工場の近くで借《か》りる。
③ 大変《たいへん》なことがあっても努力《どりょく》をする。
④ 別《べつ》の方法《ほうほう》を考える。
⑤ 友達に記録《きろく》を伝《つた》える。
⑥ 便利《べんり》な飛行機《ひこうき》に乗る。
⑦ 筆順《ひつじゅん》と音読みと訓《くん》読みを調べる。

※①「自然」とにた意味の言葉に「天然《てんねん》」があります。
※③「努力をする」と「努める」は、にた意味の言葉です。
※④「方」も「法」も、どちらも「ホウ」と読みます。
※⑥「飛」は筆順に気をつけましょう。

4 次の□に漢字を入れて、意味に合った言葉を完成させましょう。 一つ2点(6点)

① 類《るい》は友を呼《よ》ぶ
(気の合うものは、しぜんに集まる)
※①好みがにている人はしぜんと集まるということです。
② 焼《や》け石に水
(多少の手助けではきき目がない)
※焼けた石に少しの水をかけてもすぐに消えてしまうことから。
③ まかぬ種《たね》は生えぬ
(何のきっかけもなしに物事は起こらない)

5 次の漢字の部首名をひらがなで書きましょう。 一つ2点(16点)

① 清(さんずい) ② 例(にんべん)
③ 関(もんがまえ) ④ 愛(こころ)
⑤ 説(ごんべん) ⑥ 的(しろへん)
⑦ 英(くさかんむり) ⑧ 選(しんにょう)

※⑧「しんにゅう」でも正かいです。

38ページ

夏のチャレンジテスト②

1 ――線の漢字の読みがなを書きましょう。 一つ2点(38点)

① このテレビ番組の司会者(しかいしゃ)が好(す)きです。
② 倉庫(そうこ)の近くにハチが巣(す)をつくった。
③ 別(べつ)で出された案(あん)について多くの具体例(ぐたいれい)を話す。
④ 求(もと)められた努力(どりょく)をせずにあっさりと敗北(はいぼく)する。
⑤ 司書(ししょ)の先生がすわる席(せき)がある。
⑥ 種(たね)から小さな芽(め)が出る。
⑦ 順番(じゅんばん)にやるべきことを全員に説明(せつめい)した。
⑧ 直(ただ)ちに家に帰り、自(みずか)らうちだした記録(きろく)を調べる。

※④「敗北する」は、「負ける」という意味です。

2 次の文から、まちがって使われている漢字をぬき出して、正しい漢字を書きましょう。 一つ1点(10点)

例 今《いま》は牛後三時《ごごさんじ》だ。 ×牛 ○午
① 受《あい》する人《ひと》と時間《じかん》をすごす。 ×受 ○愛
※「受」は「受(う)ける」などと使います。
② 国語事典《こくごじてん》で言葉《ことば》の意味《いみ》を調《しら》べる。 ×事 ○辞
※言葉や文字などについて説明しているものは「辞典」です。
③ 便理《べんり》な道具《どうぐ》を使《つか》う。 ×理 ○利
※読みはどちらも「り」です。
④ 約東《やくそく》の場所《ばしょ》をまちがえる。 ×東 ○束
⑤ 健候《けんこう》を大切《たいせつ》にする。 ×候 ○康

時間30分 /100 ごうかく80点
教科書 上16~100ページ 答え 6ページ

39ページ

3 □に漢字を書きましょう。 一つ2点(30点)

① 漁《りょう》の成功《せいこう》を伝《つた》える。
② 最初《さいしょ》のころの熱《あつ》い思いを話す。
③ 必要《ひつよう》な材料《ざいりょう》を集める。
④ 完成《かんせい》した焼《や》き物を売る。
⑤ 特《とく》に発達《はったつ》した雲が近づく。
⑥ 末《すえ》っ子といっしょに折《お》り紙をする。
⑦ 的《まと》の真ん中に印《しるし》をつける。

※①「漁」は、リョウ・ギョ、「魚」は、ギョ・うお・さかな、と読みます。
※②「熱い」と「暑い」を使い分けましょう。
※⑤「達」の「幸」の部分を「幸」と一画少なく書かないように。

4 次の漢字の画数を、数字で書きましょう。 一つ2点(8点)

① 競 [二十画]
② 録 [十六画]
③ 選 [十五画]
④ 飛 [九画]

※③「辶」は三画で書きます。

5 次の□に、上でしめした読み方をする漢字を入れて、じゅく語をかんせいさせましょう。 一つ2点(14点)

① キ ア 食器 イ 機会 ウ 国旗
② カン ア 観察 イ 関東
③ カ ア 結果 イ 加算

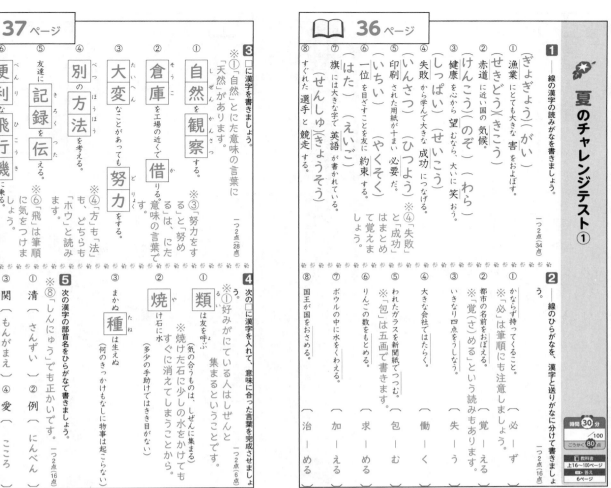

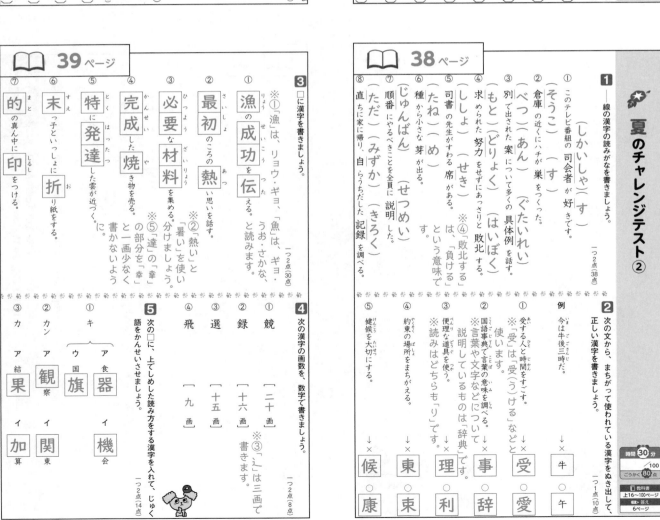

44ページ

ぴったり2 練習

お願いやお礼の手紙を書こう／ことわざ・故《こ》事成語を使おう／クラスで話し合って決めよう／漢字を使おう5

1 ――線の漢字の読みがなを書きましょう。

① 車で空港付近を通る。（ふきん）
② 雪が積もる。（つ）
③ 妻《つま》と夫。（おっと）
④ 市の議会で話し合う。（ぎかい）
⑤ これからの目標を決める。（もくひょう）
⑥ 多くの人が群がる。（むら）
⑦ すずの音を鳴らす。（ね）
⑧ 想像《ぞう》力に富んでいる。（と）

2 □に漢字を書きましょう。

① 両親の健康を［願《ねが》］う。
② 服によごれが［付《つ》］く。
③ ［協力《きょうりょく》］してそうじをする。
④ 中学生も［交《ま》］じえて話し合う。
⑤ キュリー［夫人《ふじん》］の伝記を読む。
⑥ 黒石と白石を［交《ま》］ぜる。
⑦ 土曜日［以外《いがい》］は早くねる。
⑧ ［会議《かいぎ》］に出席する。
⑨ 鉄道で［群《ぐん》］馬《ま》県に向かう。
⑩ 重要な書類を保《ほ》［管《かん》］する。
⑪ チーズは栄養《えいよう》に［富《と》］んでいる。
⑫ ［大浴場《だいよくじょう》］でお湯につかる。
⑬ 妹が［積《つ》］み木で遊ぶ。
⑭ バスを使わず［徒歩《とほ》］で行った。

教科書 上116～131ページ　答え 7ページ

45ページ

ぴったり2 練習

お願いやお礼の手紙を書こう／ことわざ・故《こ》事成語を使おう／クラスで話し合って決めよう／漢字を使おう5

1 ――線の漢字の読みがなを書きましょう。

① 長年の願望がかなう。（がんぼう）
② ヒマワリのなえが根付く。（ねづ）
③ 今年は積雪量が多い。（せきせつりょう）
④ 羊の群れ。（む）
⑤ 協議して対策《さく》を考える。（きょうぎ）
⑥ 二本の線が交わる。（まじ）
⑦ 中学校では生徒会に参加したい。（せいとかい）
⑧ シャワーを浴びる。（あ）

2 □に漢字を書きましょう。

① 大人の中に一人子どもが［交《ま》］じる。
② 正方形の［面積《めんせき》］を計算する。
③ 町長［夫人《ふじん》］と会う。
④ 参加者が百人［以上《いじょう》］集まる。
⑤ ［議題《ぎだい》］に取り上げる。
⑥ 交通安全の［標語《ひょうご》］を考える。
⑦ カモメが海岸に［群集《ぐんしゅう》］する。
⑧ おばは［郡部《ぐんぶ》］に住んでいる。
⑨ ［外交官《がいこうかん》］を目指す。
⑩ 健康を［管理《かんり》］する。
⑪ 警《けい》察［官《かん》］に場所をたずねる。
⑫ 栄養《えいよう》が豊《ほう》［富《ふ》］な食品。
⑬ 家族で［海水浴《かいすいよく》］に行く。
⑭ ［白波《しらなみ》］を上げる。

教科書 上116～131ページ　答え 7ページ

51ページ

ぴったり2 練習

文の組み立てと修飾《しゅうしょく》語／一つの花／漢字を使おう6

1 ――線の漢字の読みがなを書きましょう。

① 街の中を車が走る。（まち）
② 賛《さん》成の挙手を求める。（きょしゅ）
③ 足に包帯をまく。（ほうたい）
④ 防空《ぼうくう》頭きんをかぶる。（ず）
⑤ 四年生以下の生徒が集められる。（いか）
⑥ 海底深くにしずむ。（かいてい）
⑦ 部屋を散らかす。（ち）
⑧ 犬種をたずねる。（けんしゅ）

2 □に漢字を書きましょう。

① ［百貨店《ひゃっかてん》］で買い物をする。
② 夕ぐれに［街灯《がいとう》］がともる。
③ 選挙で［票《ひょう》］を集める。
④ ［卒業式《そつぎょうしき》］に出席する。
⑤ 海の［沖《おき》］まで泳ぐ。
⑥ ［戦争《せんそう》］に反対する。
⑦ 米が［配給《はいきゅう》］される。
⑧ ［夕飯《ゆうはん》］を食べる。
⑨ 妹が［泣《な》］き顔になる。
⑩ ［軍歌《ぐんか》］が聞こえてくる。
⑪ 強いチームと［戦《たたか》］う。
⑫ ［兵隊《へいたい》］が行進する。
⑬ 花が［一輪《いちりん》］さいている。
⑭ 福引きで［景品《けいひん》］をもらう。

教科書 上132～147ページ　答え 7ページ

52ページ

ぴったり2 練習

文の組み立てと修飾《しゅうしょく》語／一つの花／漢字を使おう6

1 ――線の漢字の読みがなを書きましょう。

① 争いをしずめる。（あらそ）
② 昼飯を作る。（ひるめし）
③ 屋上から見る夜景はすばらしい。（やけい）
④ さわやかな青年に出会う。（せいねん）
⑤ 人形を着せかえて遊ぶ。（にんぎょう）
⑥ 貯《ちょ》金が底をつく。（そこ）
⑦ 部屋を散らかす。（ち）
⑧ 園児が元気に遊んでいる。（えんじ）

2 □に漢字を書きましょう。

① ［市街地《しがいち》］に住んでいる。
② 手を［挙《あ》］げて発言する。
③ 選挙の［開票《かいひょう》］が始まる。
④ 日本の［通貨《つうか》］は円だ。
⑤ ［給食《きゅうしょく》］の係になる。
⑥ 鳥が［頭上《ずじょう》］高く飛ぶ。
⑦ 丸みを［帯《お》］びた石を拾う。
⑧ ［輪《わ》］になっておどる。
⑨ 試《し》合の［後半《こうはん》］に点を入れる。
⑩ 水の深さが［浅《あさ》］い場所で泳ぐ。
⑪ 妹が大声で［泣《な》］く。
⑫ 公園を［散歩《さんぽ》］する。
⑬ 田中さんは［愛犬《あいけん》］家だ。
⑭ ［児童集会《じどうしゅうかい》］を開く。

教科書 上132～147ページ　答え 7ページ

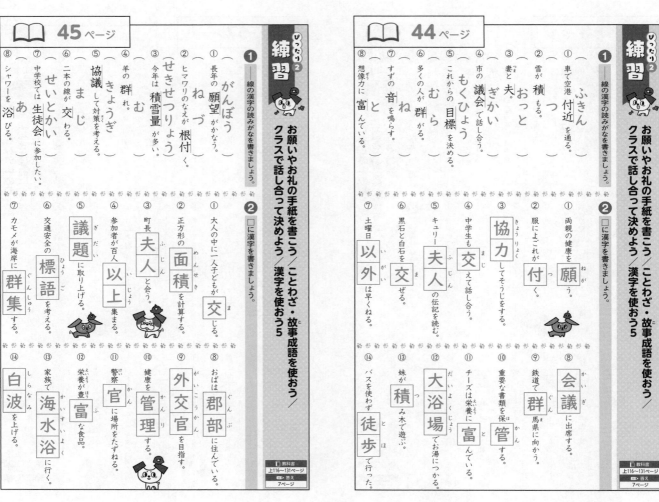

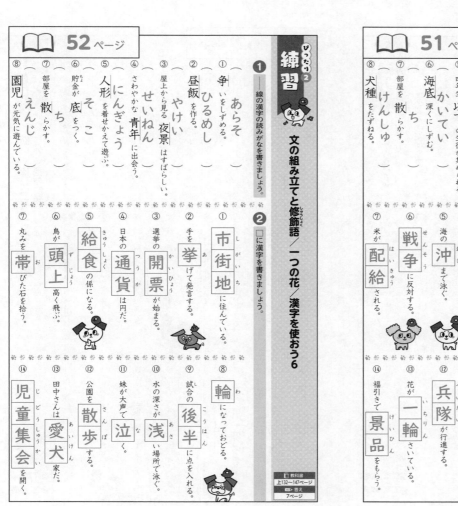

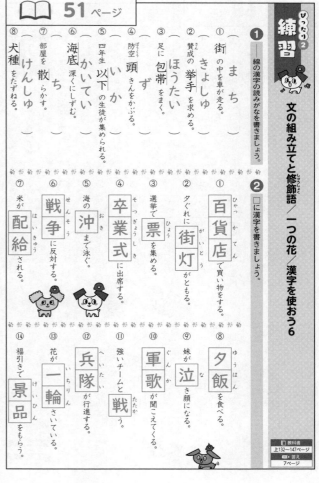

57ページ

ぴったり2 練習

くらしの中の和と洋 「和と洋新聞」を作ろう つなぐ言葉

1 ―線の漢字の読みがなを書きましょう。

① 衣料品の売り場がある。（いりょうひん）
② 先生は欧《おう》米の生まれだ。（べい）
③ テーブルに花びんを置く。（お）
④ 前を走る人との差が広がる。（さ）
⑤ 竹にはいくつもの節がある。（ふし）
⑥ 書店で単行本を買う。（たんこうぼん）
⑦ 文明が栄える。（さか）
⑧ 家族を養うために働く。（やしな）

2 □に漢字を書きましょう。

① 白衣《はくい》に着がえる。
② このあたりは米作《べいさく》地帯だ。
③ 地図で位置《いち》をたしかめる。
④ 暗がりに光が差《さ》す。
⑤ 二月三日は節分《せつぶん》の日。
⑥ すでに学習した単元《たんげん》。
⑦ 栄養《えいよう》を考えた食事を作る。
⑧ 秋物の衣服《いふく》。
⑨ おもちゃの置《お》き場所がない。
⑩ 一点差《いってんさ》で試合に勝つ。
⑪ かつお節《ぶし》をかける。
⑫ 英単語《えいたんご》を覚える。
⑬ 駅ができて町が栄《さか》える。
⑭ 本を読むと心が養《やしな》われる。

教科書 下8〜29ページ 答え 8ページ

58ページ

ぴったり2 練習

くらしの中の和と洋 「和と洋新聞」を作ろう つなぐ言葉

1 ―線の漢字の読みがなを書きましょう。

① 塩味のおにぎり。（しおあじ）
② 無形文化遺産に登録される。（むけい）
③ 全国の名産品を集める。（めいさんひん）
④ 農林水産省で働く。（しょう）
⑤ 母のたん生日を祝う。（いわ）
⑥ 野球の試合が始まる。（しあい）
⑦ 家まで無事に帰った。（ぶじ）
⑧ たまごを産む。（う）

2 □に漢字を書きましょう。

① 食事の塩分《えんぶん》をひかえる。
② お金が無《な》いのでがまんする。
③ 赤ちゃんを出産《しゅっさん》する。
④ 細かい説明を省《はぶ》く。
⑤ 部屋の照明《しょうめい》をつける。
⑥ 海の日は祝日《しゅくじつ》だ。
⑦ もう一度試《こころ》みる。
⑧ 登山をするときは熊《くま》に注意する。
⑨ 鹿《しか》は神の使いとされる。
⑩ 魚に塩《しお》をふって焼く。
⑪ 無理《むり》をしない方がよい。
⑫ 国産《こくさん》の肉を買う。
⑬ 反省《はんせい》して心を入れかえる。
⑭ 夕日に照《て》らされる。

教科書 下8〜29ページ 答え 8ページ

62ページ

ぴったり2 練習

聞いてほしいな、こんな出来事 じゅく語の意味

1 ―線の漢字の読みがなを書きましょう。

① さいふの残金をたしかめる。（ざんきん）
② 寒冷な地方もようやく春になる。（かんれい）
③ 音の高低を聞き分ける。（こうてい）
④ 次の十字路を右折する。（うせつ）
⑤ 身のきけんを感知する。（かんち）
⑥ 父母といっしょに出かける。（ふぼ）
⑦ 森の中で老人と出会う。（ろうじん）
⑧ 海から陸にあがる。（りく）

2 □に漢字を書きましょう。

① きのうの残《のこ》り物を食べる。
② 人手が不足《ふそく》している。
③ 熱いお茶を冷《さ》ます。
④ 鳥が低《ひく》く飛んでいる。
⑤ テストで満点《まんてん》をとる。
⑥ 未来《みらい》の社会を予想する。
⑦ 老《お》いた母をみまう。
⑧ 気持ちの良《よ》い朝だ。
⑨ 月面着陸《ちゃくりく》を成しとげた。
⑩ 父から伝言《でんごん》をあずかる。
⑪ 文章を改行《かいぎょう》して書く。
⑫ 不気味《ぶきみ》な音がする。
⑬ 冷《つめ》たいゼリーを食べる。
⑭ 体調は良好《りょうこう》だ。

教科書 下30〜35ページ 答え 8ページ

65ページ

ぴったり2 練習

ごんぎつね

1 ―線の漢字の読みがなを書きましょう。

① この辺りは昔城下町だった。（じょうかまち）
② 野菜たっぷりのスープ。（やさい）
③ ひゃくしょう家がたっている。（や）
④ 井戸の水をくむ。（いど）
⑤ 松竹梅《ばい》のめでたい絵。（しょう）
⑥ 大臣《だいじん》の側近をつとめる。（そっきん）
⑦ 友人と固い約束をかわす。（かた）
⑧ 南側は日当たりがよい。（みなみがわ）

2 □に漢字を書きましょう。

① お城《しろ》の中を見学する。
② 三角形の底辺《ていへん》。
③ 菜《な》の花が風にゆれる。
④ 松《まつ》たけが店にならぶ。
⑤ 不思議《ふしぎ》な出来事。
⑥ お念《ねん》仏《ぶつ》をとなえる。
⑦ 沖縄《おきなわ》県の海で泳ぐ。
⑧ テープでしっかり固定《こてい》する。
⑨ 城下町《じょうかまち》でくらす。
⑩ 辺《あた》りを見回す。
⑪ なべで白菜《はくさい》をにる。
⑫ わが家《や》は大家族だ。
⑬ 箱の側面《そくめん》に印をつける。
⑭ 紙ねんどを固《かた》める。

教科書 下36〜58ページ 答え 8ページ

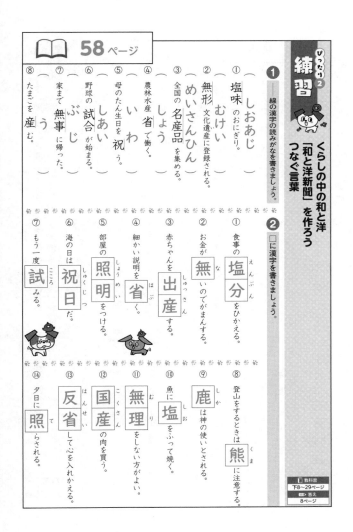

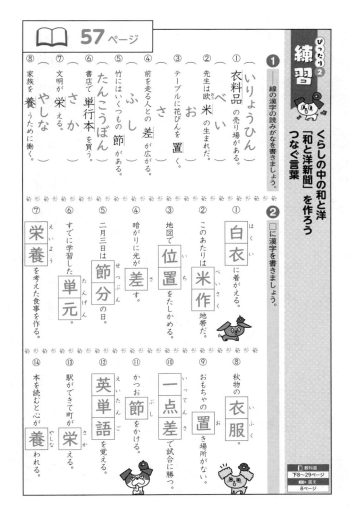

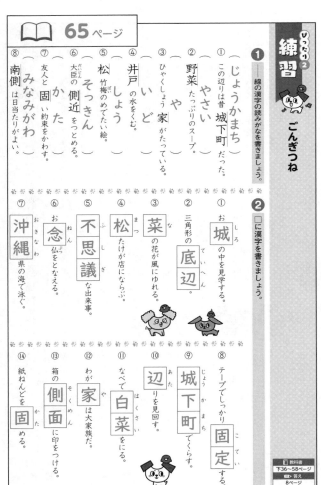

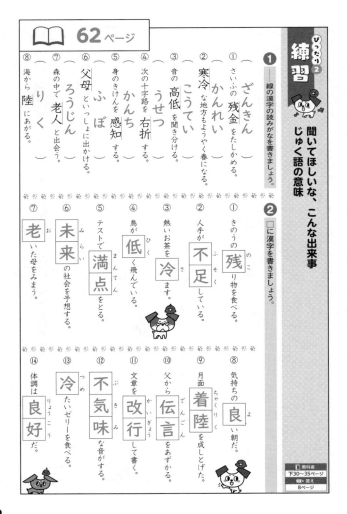

68ページ

ぴったり2 練習

漢字を使おう7 / 人物のせいかくと行動を表す言葉 / 言葉の意味と使い方

1 ——線の漢字の読みがなを書きましょう。

① うたがう気持ちは 毛頭 ない。（もうとう）
② 祝賀会 を開く。（しゅくがかい）
③ 一問一答 のテスト。（いちもんいっとう）
④ 答案 用紙に記入する。（とうあん）
⑤ 読書の時間は 静 かにしなさい。（しず）
⑥ 庭の 周 りに木を植える。（まわ）
⑦ 一族の 子孫 が栄える。（しそん）
⑧ 梅林 を見て回る。（ばいりん）

2 □に漢字を書きましょう。

① 毛筆《もうひつ》で手紙を書く。
② 先生に 年賀《ねんが》状《じょう》を出す。
③ アンケートの 回答《かいとう》を読む。
④ 正直《しょうじき》な感想をのべる。
⑤ 祖父《そふ》は 船乗《ふなの》りだった。
⑥ 緑黄色《りょくおうしょく》野菜を食べる。
⑦ 仏像《ぶつぞう》が 金色《こんじき》にかがやく。
⑧ 今月は 晴天《せいてん》続きだ。
⑨ 小鳥が 羽《は》ばたく。
⑩ 屋上からの 景色《けしき》。
⑪ 熱があるので 安静《あんせい》にする。
⑫ グラウンドを 一周《いっしゅう》する。
⑬ おじいさんが 孫《まご》と遊ぶ。
⑭ 梅《うめ》の花が香《かお》る。

教科書 下59〜65ページ 答え 9ページ

71ページ

ぴったり2 練習

百人一首に親しもう / 漢字を使おう8

1 ——線の漢字の読みがなを書きましょう。

① 千円 札 を使う。（さつ）
② じゅもんを 唱 える。（とな）
③ 岡山 県にひっこす。（おかやま）
④ 四季 が美しい国。（しき）
⑤ 府立 の大学が近くにある。（ふりつ）
⑥ 何千 億 もの星がある。（おく）
⑦ 三兆円 の予算を組む。（さんちょうえん）
⑧ 実家に 帰省 する。（きせい）

2 □に漢字を書きましょう。

① 俳句《はいく》に 季語《きご》を使う。
② むねに 名札《なふだ》を付ける。
③ 合唱曲《がっしょうきょく》を歌う。
④ 旅行先は 静岡《しずおか》県だ。
⑤ 雪合戦《ゆきがっせん》をする。
⑥ 都道府県《とどうふけん》を覚える。
⑦ 億万長者《おくまんちょうじゃ》になる。
⑧ ふん火の 前兆《ぜんちょう》を感じとる。
⑨ 外国から日本に 帰国《きこく》する。
⑩ 号令《ごうれい》をかける。
⑪ 夏の 季節《きせつ》を楽しむ。
⑫ 駅の 改札口《かいさつぐち》を出る。
⑬ 京都府《きょうとふ》を旅行する。
⑭ 上司が部下に 命令《めいれい》する。

教科書 下66〜76ページ 答え 9ページ

72ページ

冬のチャレンジテスト①

時間30分 /100 ごうかく80点
教科書 上116〜下76ページ 答え 9ページ

1 ——線の漢字の読みがなを書きましょう。 一つ2点（38点）

① 大学に 出願 をするとすぐに 受験票 がとどいた。（しゅつがん）（じゅけんひょう）
② 灯台 ができて百年を 記念 してできた切手。（とうだい）（きねん）
③ 孫 がまったく 野菜 を食べないので 不満 だ。（まご）（やさい）（ふまん）
④ 塩分 をへらし、栄養 のある食事をとる。（えんぶん）（えいよう）
⑤ 衣服 をぬいで 入浴 する。（いふく）（にゅうよく）
⑥ 陸 のほうから 城 に入る。（りく）（しろ）
⑦ 給食 ぶくろを 無 くした人は 挙手 しなさい。（きゅうしょく）（な）（きょしゅ）
⑧ 梅 がさく 季節 に友人といっしょに 街 歩きをする。（うめ）（きせつ）（まち）

※⑦「挙手」は、「手を挙げる」という意味です。

2 ——線のひらがなを、漢字と送りがなに分けて書きましょう。 一つ2点（14点）

① 新しい実験をこころみる。（試 — みる）
※ためしにやってみるという意味。
② つめたいスープを飲む。（冷 — たい）
※「冷（ひ）える」、「冷（さ）ます」などの読みもあります。
③ 池のまわりを歩く。（周 — り）
※ここでは○「周り」、×「回り」です。
④ 大変な仕事がのこる。（残 — る）
⑤ サクラの花がちった。（散 — った）
※「散た」とするのはあやまりです。
⑥ 羊が草のある場所にむれる。（群 — れる）
⑦ いらない言葉をはぶく。（省 — く）

73ページ

3 □に漢字を書きましょう。 一つ2点（30点）

① 夫《おっと》と 協力《きょうりょく》して 夕飯《ゆうはん》を作る。
② 会議《かいぎ》で 卒業式《そつぎょうしき》の日を決める。
③ 生徒《せいと》が今月の 標語《ひょうご》を書く。
④ 兵隊《へいたい》が 戦《たたか》いの訓練をする。
⑤ 輪《わ》になって 児童《じどう》が歌う。
⑥ 浅《あさ》い海なので 底《そこ》が見えている。
⑦ 沖《おき》の 風景《ふうけい》を絵にえがく。

※①「飠（しょくへん）」と「食」の形のちがいに気をつけましょう。
※④「隊」の「阝」は三画で書きます。
※⑥「浅い」と「深い」はセットで覚えておきましょう。

4 次の□に漢字を入れて、意味に合った言葉を完成させましょう。 一つ2点（8点）

① 帯《おび》に短したすきに長し
（中と半ぱで何にも使えない）
※①帯にするには短く、たすきに使うには長すぎる。
② 老《お》いては子にしたがえ
（年をとると子どもの言うことを聞くべきだ）
③ ちりも 積《つ》もれば山となる
（小さなことも重なれば大きな結果になる）
④ 泣《な》きっつらにはち
（大変なことが重なる）
※④泣いているところに、さらにはちにさされることから。

5 次の□に、上でしめした読み方をする漢字を入れて、言葉を完成させましょう。 一つ2点（10点）

① ショウ　ア 省エネルギー　イ 照明　ウ 合唱
② フ　ア 付録　イ 京都府

※①「省」には「セイ」という読みもあります。

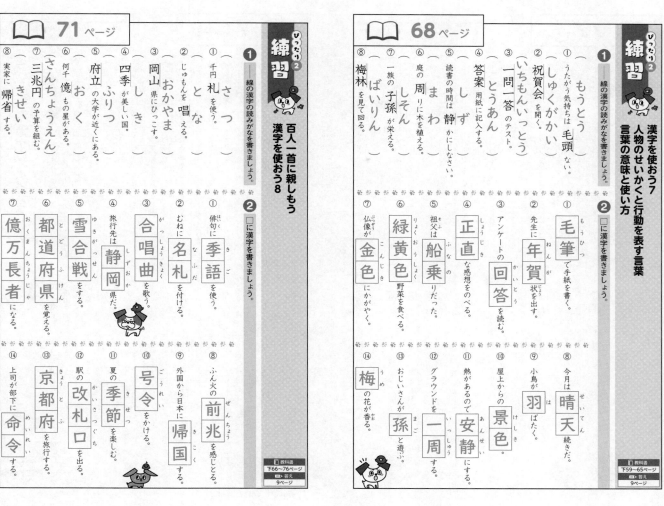

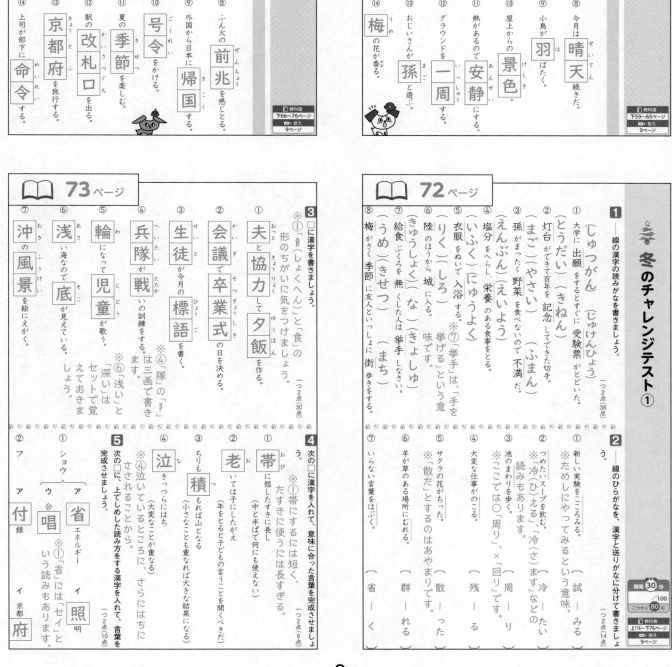

74ページ

冬のチャレンジテスト②

時間30分 ／100 ごうかく80点

教科書 上116〜下76ページ　答え 10ページ

1 ——線の漢字の読みがなを書きましょう。　一つ2点(36点)

① （せんえんさつ）（のこ） 千円札がさいふに三まい残っている。
② （せんきょ）（とうひょう） 選挙に出かけて投票する。
③ （えんじ）（せいてん）（ねが） 園児たちはずっと晴天が続くことを願っている。
※③「晴天」は、良い天気のことです。
④ （おっと）（かん）（しつねん） 夫は、きのう警察《けい》官に話したことを失念した。
⑤ （にちょうえん）（ふそく） 二兆円ものお金が不足している。
※④「失念」は、うっかりわすれることです。
⑥ （がいとう）（て） 街灯があたりを照らす。
⑦ （な）（きせつ） 菜の花が美しい季節になる。
※⑦「季」と「委」はまちがえやすいので注意。
⑧ （きんかん）（ねいろ） 金管楽器の美しい音色に聞きほれる。

2 □に漢字を入れて、矢印の上と下の言葉が反対の意味になるようにしましょう。　一つ2点(16点)

① 平和 ↕ 戦争
② せが高い ↕ せが低い
③ 入学 ↕ 卒業
④ 雪がとける ↕ 雪が積もる
⑤ 有る ↕ 無い
⑥ 先生 ↕ 生徒
⑦ 集合 ↕ かい散
⑧ 悪い ↕ 良い

※②「高低」というじゅく語を覚えておきましょう。
※⑧六年で学習しますが、「善(よ)い」でも正かい。

75ページ

3 □に漢字を書きましょう。　一つ2点(32点)

① お城《しろ》の周辺《しゅうへん》に松《まつ》の木が生える。
※①「周辺」は、まわり、という意味です。
② 友人の出産《しゅっさん》を祝《いわ》う。
※③「一億円未満」の場合、一億円はふくみません。
③ 一億《いちおく》円未満《みまん》の金額《がく》。
④ 右側《みぎがわ》通行に改《あらた》める。
※④「改める」は、送りがなにも気をつけましょう。
⑤ 塩《しお》が入ったびんを静《しず》かに置《お》く。
⑥ 大陸《たいりく》から冷《つめ》たい風がふく。
⑦ 父母《ふぼ》に栄養《えいよう》のある料理を作る。

4 次の漢字の赤い部分は、何画目に書きますか。　一つ2点(8点)

① 固 [三 画目]
② 孫 [四 画目]
③ 老 [五 画目]
④ 単 [九 画目]

※総画数《せい》は次のとおり、①八画、②十画、③六画、④九画。

5 □に入る漢字をあとから選んで、都道府県の名前を完成させましょう。ただし、同じ漢字は一回しか使えません。　一つ2点(8点)

① 熊本《もと》県に住んでいる。
② 京都府に旅行に行く。
③ 沖縄県から友人が来る。
④ 福岡県は九州地方にある。

熊　鹿　府　岡　賀　縄　富

78ページ

ぴったり2 練習
数え方を生み出そう　漢字を使おう9

教科書 下78〜91ページ　答え 10ページ

1 ——線の漢字の読みがなを書きましょう。

① （あゆ） つかれていても歩み続ける。
② （た） 家を建てる。
③ （あら） 新たなスタートを切る。
④ （なし） 梨がおいしい季節だ。
⑤ （がんやく） 食後に丸薬を飲む。
⑥ （こうげい） 工芸品を買う。
⑦ （いばら） 茨のとげがささる。
⑧ （しゅっけつ） 先生が出欠をとる。

2 □に漢字を書きましょう。

① 近代の日本の歩《あゆ》みを学ぶ。
② 建国《けんこく》の日を祝う。
③ 新《あら》たな目標をかかげる。
④ 明日に希望《きぼう》をもつ。
⑤ 山梨《やまなし》県へ登山に向かう。
⑥ クラスが一丸《いちがん》となる。
⑦ 犬に芸《げい》を教える。
⑧ 茨《いばら》の道を進む。
⑨ 茶わんのふちが欠《か》ける。
⑩ 洋風の建物《たてもの》に入る。
⑪ この本はとても希少《きしょう》だ。
⑫ 芸《げい》は身を助ける。
⑬ 学校を欠席《けっせき》する。
⑭ 新しいビルが建《た》つ。

81ページ

ぴったり2 練習
調べたことをほうこくしよう　漢字を使おう10

教科書 下100〜107ページ　答え 10ページ

1 ——線の漢字の読みがなを書きましょう。

① （なかま） 同じチームの仲間。
② （どうとく） 次の授業《じゅ》は道徳です。
③ （はんけい） ボールの半径を求める。
④ （きょうだい） 母が鏡台の前に立つ。
⑤ （ぎゅう） 毎朝牛にゅうを飲む。
⑥ （ぼくそう） 羊が牧草を食べている。
⑦ （じいん） 有名な寺院にお参りする。
⑧ （かっこく） 各国の大臣《だいじん》が集まる。

2 □に漢字を書きましょう。

① 仲《なか》の良い親子だ。
② 徳島《とくしま》県を旅行する。
③ 都会は人口《じんこう》が多い。
④ 円の直径《ちょっけい》を計算する。
⑤ 望遠鏡《ぼうえんきょう》を手に入れる。
⑥ 牧場《ぼくじょう》で牛を育てる。
⑦ 各地《かくち》の気温を伝える。
⑧ 新しいくつに氏名《しめい》を書く。
⑨ 仲良《なかよ》しの友人。
⑩ 徳《とく》が高い人だ。
⑪ 鏡《かがみ》に顔をうつす。
⑫ 国産の牛肉《ぎゅうにく》を買う。
⑬ 馬を放牧《ほうぼく》する。
⑭ 今日は鏡開《かがみびら》きだ。

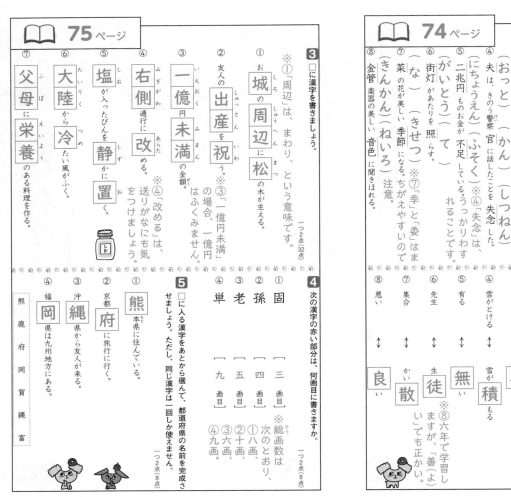

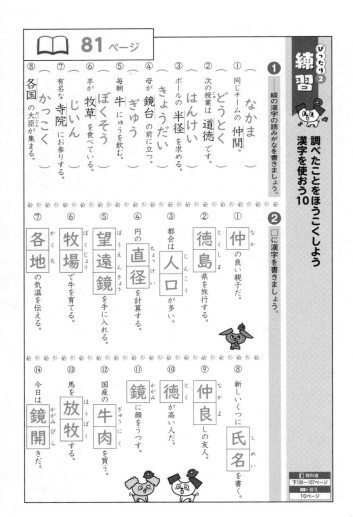

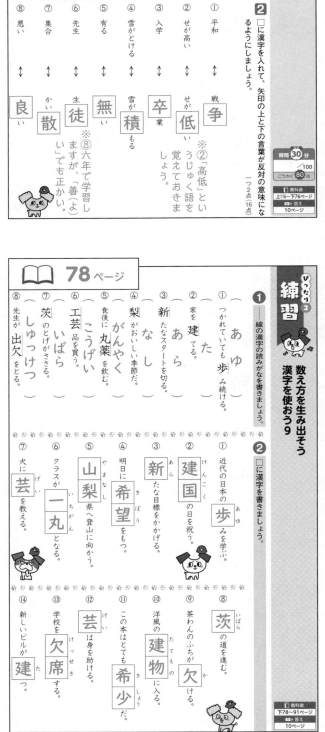

85ページ

練習 ぴったり2

同じ読み方の漢字
世界一美しいぼくの村

1 ――線の漢字の読みがなを書きましょう。

① （くろう）算数の宿題に苦労する。
② （なんきょく）南極をたんけんする。
③ （さくねん）昨年よりも気温が高い。
④ （ふくいいんちょう）副委員長になる。
⑤ （かしん）との様に仕える家臣。
⑥ （せっきょくてき）積極的に発言する。
⑦ （かお）バラの花が香る。
⑧ （いさ）勇ましいすがたを見せる。

2 □に漢字を書きましょう。

① 労力《ろうりょく》をおしまない。
② 荷物を極力《きょくりょく》少なくする。
③ 昨夜《さくや》から雨がふっている。
④ 副大臣《ふくだいじん》に指名される。
⑤ 放課後《ほうかご》に待ち合わせる。
⑥ 昨日《きのう》から雨がふっている。
⑦ 工場で機械《きかい》を組み立てる。
⑧ 畑で果物《くだもの》を育てる。
⑨ 香川《かがわ》県は四国にある。
⑩ 世界の民族《みんぞく》と交流する。
⑪ 勇気《ゆうき》を出して進む。
⑫ 信号《しんごう》が赤になる。
⑬ せっけんの香《かお》りに包まれる。
⑭ メールを返信《へんしん》する。

教科書 下108～126ページ
答え 11ページ

89ページ

練習 ぴったり2

漢字を使おう11

1 ――線の漢字の読みがなを書きましょう。

① （みやぎ）宮城県に親せきがいる。
② （とやま）富山県を地図で調べる。
③ （いばらき）茨城県に向かう。
④ （しが）夏休みは滋賀県に行く。
⑤ （なら）奈良県には大仏がある。
⑥ （とっとり）鳥取県は日本海に面している。
⑦ （さが）佐賀県で宿をさがす。
⑧ （もと）物事の本を正す。

2 □に漢字を書きましょう。

① 新潟《にいがた》県は米作りがさかんだ。
② 四季の変化に富《と》んでいる。
③ 母は岐阜《ぎふ》県の出身だ。
④ 栃木《とちぎ》県から転校する。
⑤ 鉄道で群馬《ぐんま》県に向かう。
⑥ 埼玉《さいたま》県に本店がある。
⑦ 千葉《ちば》県に引っこす。
⑧ 神奈川《かながわ》県を旅する。
⑨ 大阪《おおさか》府へ飛行機で行く。
⑩ 愛媛《えひめ》県の友達に会う。
⑪ おじは長崎《ながさき》県に住んでいる。
⑫ 熊本《くまもと》県の火山を見に行く。
⑬ 出身地は大分《おおいた》県です。
⑭ 鹿児島《かごしま》県で夏をすごす。

教科書 下127ページ
答え 11ページ

90ページ

春のチャレンジテスト①

時間30分 /100 ごうかく80点

1 ――線の漢字の読みがなを書きましょう。 一つ2点(36点)

① （きのう）昨日の朝にとどいた（くだもの）果物を食べる。
※①「昨日」は、「さくじつ」でも正かい。
② （おおいた）大分県から船に乗って（えひめ）愛媛県まで行く。
③ （ちば）千葉県から（ぐんま）群馬県まで電車に乗って向かう。
④ 中国地方の（とっとり）鳥取県と九州地方の（かごしま）鹿児島県。
⑤ （とちぎ）栃木県に近い（さいたま）埼玉県にはすぐに着くだろう。
⑥ （けっせきしゃ）欠席者がわかるように（しめい）氏名をまとめる。
⑦ （だいじん）大臣のおおいなる（ゆうき）勇気が国の（あゆ）歩みをうながす。
⑧ （あら）新たに出た（がんやく）丸薬はお店に行って（かくじ）各自で買う。

2 次の文から、まちがっている漢字をぬき出して、正しい漢字を書きましょう。 一つ1点(12点)

例 今《いま》は牛後《ごご》三時《さんじ》だ。 ×牛 ○午
① 大坂府《おおさかふ》で生活《せいかつ》する。 ×坂 ○阪
※「大阪」は特別な読みです。
② 南局《なんきょく》大陸《たいりく》に上陸《じょうりく》する。 ×局 ○極
※「南極―北極」で覚えましょう。
③ 宮木《みやぎ》県は米づくりがさかんだ。 ×木 ○城
④ 会社《かいしゃ》で貨長《かちょう》から注意《ちゅうい》される。 ×貨 ○課
⑤ マラソンの練習《れんしゅう》に苦老《くろう》する。 ×老 ○労
※「老」「労」どちらも「ロウ」と読みます。
⑥ 特島《とくしま》県へ旅行《りょこう》に出かける。 ×特 ○徳

教科書 下78～127ページ
答え 11ページ

91ページ

3 □に漢字を書きましょう。 一つ2点(28点)

① 佐賀《さが》県のとなりは長崎《ながさき》県だ。
② 新潟《にいがた》県や岐阜《ぎふ》県は中部地方にある。
③ 放牧《ほうぼく》をしてくらす民族《みんぞく》と出会う。
④ 園芸《えんげい》用のビニールハウスを建《た》てる。
⑤ 副《ふく》委員長と仲《なか》良くなる。
⑥ 梨《なし》を食べたいと希望《きぼう》する。
⑦ 寺院《じいん》にある古い鏡《かがみ》。

4 次の漢字の部首名を、ひらがなで書きましょう。 一つ2点(16点)

① 媛〔おんなへん〕
② 埼〔つちへん〕
③ 勇〔ちから〕
④ 信〔にんべん〕
⑤ 滋〔さんずい〕
⑥ 械〔きへん〕
⑦ 径〔ぎょうにんべん〕
⑧ 茨〔くさかんむり〕

※それぞれ部首は次のとおり。①「女」、②「土」、③「力」、④「亻」、⑤「氵」、⑥「木」、⑦「彳」、⑧「艹」

5 次の□に漢字を入れて、同じ漢字が使われている都道府県を完成させましょう。 一つ2点(8点)

① 富《と》山県―山梨《なし》県
② 神奈《な》川県―香《か》川県

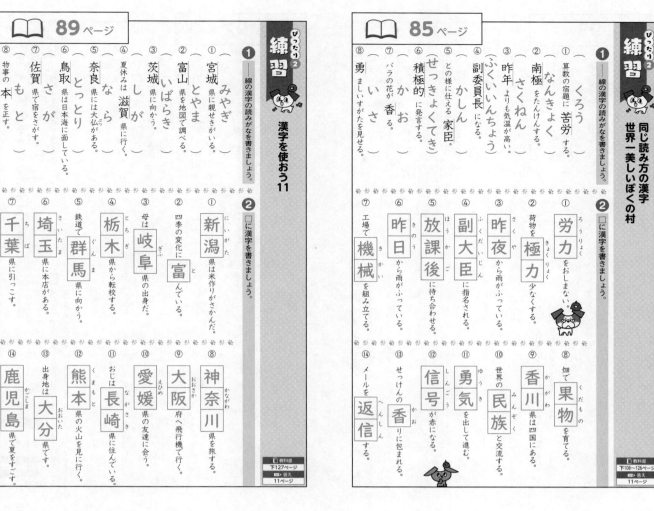

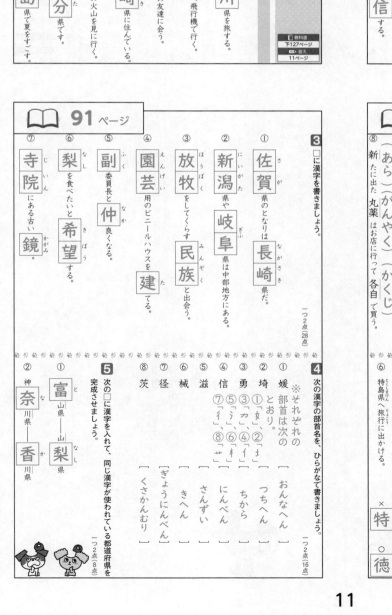

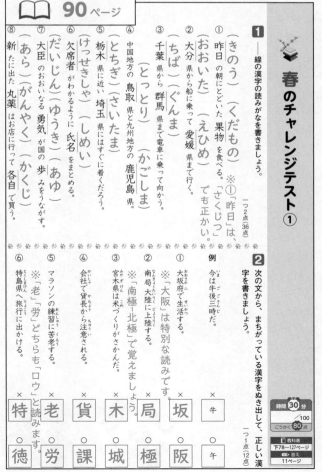

春のチャレンジテスト②

時間30分 /100 ごうかく80点
教科書 下78〜127ページ 答え 12ページ

1 ——線の漢字の読みがなを書きましょう。 一つ2点（36点）

① お昼に牛肉（ぎゅうにく）を食べたことを口頭（こうとう）で伝えた。
② 岐阜（ぎふ）県を出て車で熊本（くまもと）県に行く。
③ 長崎（ながさき）県にある有名な寺社（じしゃ）をめぐる。

※都道府県名は特別な読みが多いので、そのまま覚えましょう。

④ 直径（ちょっけい）の小さな円を機械（きかい）でえがく。
⑤ 宮崎（みやざき）県出身の芸人（げいにん）が次の副会長（ふくかいちょう）をつとめる。
⑥ 公園に大佐（たいさ）の銅像《どうぞう》を建（た）てることを希望（きぼう）する。
⑦ 労働（ろうどう）組合が一丸（いちがん）となって戦う。
⑧ 栃木（とちぎ）県のこれまでの歩（あゆ）みをまとめる。

2 次のたて書きの文や言葉に当てはまり、横書きの県名にも当てはまる漢字を□に書きましょう。 一つ2点（12点）

① 鹿児島県／鹿にえさをやる。
② 宮城県／城をせめ落とす。
③ 佐賀県／謹《きん》賀新年
④ 香川県／花が香る。
⑤ 群馬県／乗馬を楽しむ。
⑥ 鳥取県／野鳥を観察する。

3 □に漢字を書きましょう。 一つ2点（28点）

① 勇《いさ》ましい王子のすがたを国民《こくみん》に伝える。
② 道徳《どうとく》の授業《じゅぎょう》で仲間《なかま》の大切さを学ぶ。
③ ひ潟《がた》を守る新《あら》たな方法。
④ 大臣《だいじん》が書類に氏名《しめい》を書く。
⑤ 勇《ゆう》かんな気持ちで茨《いばら》の道を進む。
⑥ 昨年《さくねん》の課外《かがい》活動を思い出す。
⑦ 鉄道の各駅《かくえき》に信号機《しんごうき》がある。

※③「潟」は、字の形に注意。十五画で書きます。

4 次の□に当てはまる漢字を入れて、（　）にしめした都道府県名を完成させましょう。 一つ2点（12点）

例（とうきょう・きょうと） 東京／京都
①（とやま・やまなし） 富山／山梨
②（おおいた・おおさか） 大分／大阪
③（かながわ・なら） 神奈川／奈良

5 次の字は、同じ漢字でもそれぞれちがう読み方をします。——線の漢字の読みがなを書きましょう。 一つ2点（12点）

① 鏡　望遠鏡（きょう）　手鏡（かがみ）
② 建　建設《せつ》（けん）　建物（たて）
③ 欠　出欠（けつ）　欠ける（か）

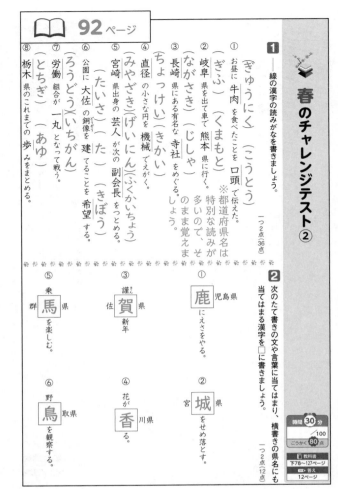

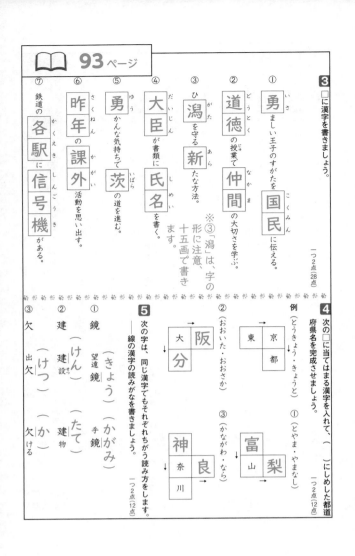

4年 漢字のまとめ

学力しんだんテスト①

名前

月 日

時間 30分

ごうかく80点 ／100

答え 13ページ

1 ――線の漢字の読みがなを書きましょう。 一つ1点(25点)

① 「必勝（ひっしょう）」と書かれた 旗（はた） を大きくふる。

② 牧場（ぼくじょう） ののどかな 風景（ふうけい） をながめる。

③ 作家の 記念館（きねんかん） が来年の春ごろに 完成（かんせい） する。

④ プログラムの 順番（じゅんばん） がこれまでと 変（か） わる。

⑤ 出欠（しゅっけつ） を取るので、席（せき） に着いてください。

⑥ 二輪車（にりんしゃ） に乗って新聞を 配達（はいたつ） する。

⑦ 見上げると、頭上（ずじょう） に大きな鳥の 巣（す） があった。

⑧ 昨年（さくねん） とった写真を 印刷（いんさつ） する。

⑨ 努力（どりょく） を重ねた 末（すえ）、すばらしい 結果（けっか） を出した。

⑩ 向こう 側（がわ） の線路には 貨物（かもつ） 列車が走っている。

⑪ 父の 愛読書（あいどくしょ） がざっしの 特集（とくしゅう） にのっていた。

⑫ 失敗（しっぱい） はいつか 成功（せいこう） につながる。

2 □に漢字を書きましょう。 一つ1点(25点)

① 漁船《ぎょせん》 をロープで 固定《こてい》 した。

② 夫《おっと》 と水入らずで 南米《なんべい》 へ旅行に出かけた。

③ 松《まつ》 のもようの紙で 包《つつ》 む。

④ 図書館を 積極的《せっきょくてき》 に 利用《りよう》 する。

⑤ 熱《ねつ》 があり 給食《きゅうしょく》 を少し 残《のこ》 した。

⑥ 物差《ものさ》 しで、円の 直径《ちょっけい》 をはかる。

⑦ 仲間《なかま》 で集まり、海水浴《かいすいよく》 を楽しむ。

⑧ 信号《しんごう》 をたしかめずに 飛《と》 び出すな。

⑨ 希望《きぼう》 する日時を 伝《つた》 える。

⑩ 鏡《かがみ》 の前で、衣服《いふく》 を着がえる。

⑪ 高校を 卒業《そつぎょう》 したら、働《はたら》 きたい。

⑫ よい 気候《きこう》 になったので、種《たね》 をまく。

➡うらにも問題があります。

3 次の□に漢字を入れて、矢印の上と下の言葉が反対の意味になるようにしましょう。 一つ1点(10点)

① 最高 ↕ 最低

② 主食 ↕ 副食

※②「副」と「福」をまちがえないようにしましょう。

③ 人工 ↕ 自然

④ 深い ↕ 浅い

⑤ 温める ↕ 冷ます

⑥ 前半 ↕ 後半

※⑥「前後」というじゅく語も覚えておきましょう。

⑦ 最後 ↕ 最初

⑧ 有る ↕ 無い

⑨ 悪い ↕ 良い

※⑨六年で学習する漢字ですが、「善い」でも正かいです。

⑩ 平和 ↕ 戦争

4 次の中から、部首が同じものを五組見つけ、記号で答えましょう。(使わない漢字もあります) 一つ2点・順不同(10点)

ア 別　イ 敗　ウ 側　エ 刷

オ 牧　カ 健　キ 法　ク 順

ケ 散　コ 願　サ 害　シ 清

アとエ

イとケ

ウとカ

キとシ

クとコ

※ア・エの部首名は「りっとう」です。

5 次の漢字の一画目は、たてですか、横ですか。たて画ならア、横画ならイと答えましょう。 一つ1点(6点)

① 臣（ア）　② 験（ア）

③ 散（イ）　④ 博（イ）

⑤ 求（イ）　⑥ 関（ア）

6 次のたて書きの文や言葉に当てはまり、横書きの県名にも当てはまる漢字を□に書きましょう。 一つ1点(8点)

① しめ 縄 かざり ／ 沖縄県

② 梨 の皮をむく。／ 山梨県

③ 羊の 群 れ ／ 群馬県

④ 鹿 にえさをやる。／ 鹿児島県

※④「鹿」は、十一画で書きます。筆順にも気をつけましょう。

⑤ 井 戸をほる。／ 福井県

⑥ 城 をせめ落とす。／ 宮城県

⑦ 謹《きん》 賀 新年 ／ 佐賀県

⑧ 花が 香 る。／ 香川県

7 次の□に漢字を入れて、ことわざを完成させましょう。 一つ2点(16点)

① 類《るい》 は友を呼《よ》ぶ（気の合うものは、ひとりでに集まる。）

② 焼《や》 け石に水（多少の手助けではきき目がない。）

③ 泣《な》 き面《つら》にはち（こまっているときにさらにこまることが重なって起こる。）

④ 灯《とう》 台もと暗し（身近にあるものは、かえって目につかない。）

⑤ 手 塩《しお》 にかける（自分からめんどうを見て大切に育てる。）

⑥ 好《す》 きこそものの上手なれ（すきでやることは、上達が早い。）

⑦ 帯《おび》 に短したすきに長し（ちゅうとはんぱで役に立たない。）

⑧ 笑《わら》 う門《かど》には福来たる（いつもわらっている家には、幸せがおとずれる。）

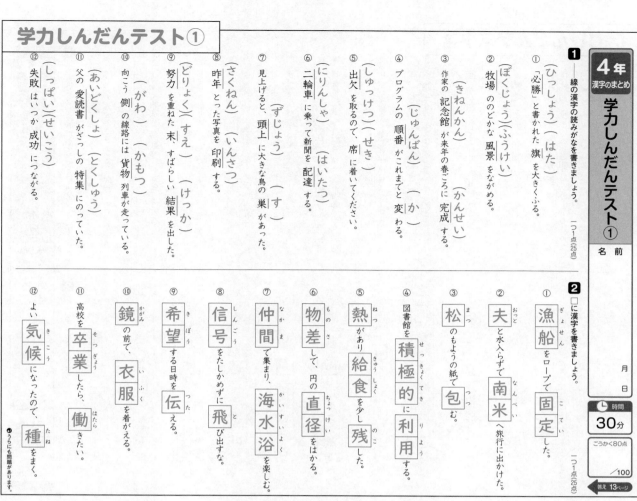

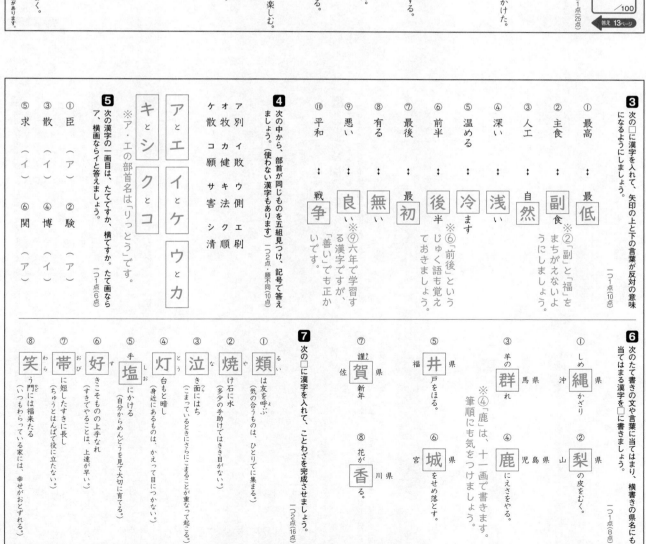

学力しんだんテスト②

4年 漢字のまとめ

学力しんだんテスト②

名前

月　日

時間 30分

ごうかく80点　／100

答え 14ページ

1 ――線の漢字の読みがなを書きましょう。　一つ1点(25点)

① 陸上(りくじょう)の大会でこれまでの記録(きろく)をぬりかえる。

② 孫(まご)が町内会の徒競走(ときょうそう)に出場する。

③ ガラスの花器(かき)に、つんできた菜(な)の花をかざる。

④ ロンドンの兵隊(へいたい)ににた人形(にんぎょう)をもらう。

⑤ 祖父母《そふぼ》の健康(けんこう)を家族みんなで祝福(しゅくふく)する。

⑥ 昼食用ににぎり飯(めし)を作って、持参(じさん)する。

⑦ 埼玉(さいたま)県は東京都の北に位置(いち)している。

⑧ 街頭(がいとう)で見た手品は不思議(ふしぎ)に満(み)ちていた。

⑨ 軍手(ぐんて)をしっかりはめて水道管(すいどうかん)の工事をする。

⑩ 英単語(えいたんご)を暗記するよい方法(ほうほう)を考えた。

⑪ 連続(れんぞく)してゴールの右側(みぎがわ)にシュートを決めた。

⑫ 父は四十代半(なか)ばで地元の滋賀(しが)県にもどった。

2 □に漢字を書きましょう。　一つ1点(25点)

① 一兆《いっちょう》は、一億《いちおく》の一万倍です。

② 友達《ともだち》の力を借《か》りて荷物を運ぶ。

③ 工場の倉庫《そうこ》の中は、とても静《しず》かだ。

④ ふきのとうが芽《め》を出す季節《きせつ》になる。

⑤ おじは以前《いぜん》、関西《かんさい》に住んでいた。

⑥ 明日の試験《しけん》は百点が目標《もくひょう》だ。

⑦ 班《はん》で協力《きょうりょく》して虫を観察《かんさつ》する。

⑧ 児童《じどう》向けの絵画《かいが》教室に通う。

⑨ 城《しろ》の周辺《しゅうへん》を散歩《さんぽ》する。

⑩ 大分《おおいた》に住むいとこと約束《やくそく》をした。

⑪ 新潟《にいがた》県は米の産地《さんち》として有名だ。

⑫ 愛媛《えひめ》と徳島《とくしま》は四国にある県だ。

●うらにも問題があります。

3 次の漢字の赤い部分は、何画目に書きますか。数字で答えましょう。　一つ1点(4点)

① 覚　九 画目

② 飛　四 画目

③ 輪　十三 画目

④ 希　三 画目

※②「飛」は、何度も書いて覚えましょう。

4 次の□に、右でしめした読み方をする漢字を入れて、じゅく語や文を完成させましょう。　一つ1点(6点)

① リョウ

ア 大量に買う。

イ 大漁旗をあげる。

ウ 良心的な店。

② ショウ

ア 照明器具

イ 松竹梅

ウ 二部合唱

※②ア形のにている「昭」と書きまちがえないように注意しましょう。

5 次の①～⑧の中に漢字を入れ、漢字しりとりを完成させます。当てはまる漢字を□の中から選び、□に書き入れましょう。(同じ漢字は一回しか使えません)　一つ2点(16点)

野① → ①食 → 食② → ②理

苦③ → ③力 → 力④ → ④教

栄⑤ → ⑤分 → 分⑥ → ⑥人

品⑦ → ⑦目 → 目⑧ → ⑧中

種　労　菜　説　別　的　養　料

① 菜　② 料　③ 労　④ 説

⑤ 養　⑥ 別　⑦ 種　⑧ 的

6 次の文から、まちがって使われている漢字をぬき出して、正しい漢字を書きましょう。　一つ1点(14点)

例 海低《かいてい》に住《す》む生《い》き物《もの》について調《しら》べる。　×低　○底

① 生《う》まれて始《はじ》めて入院《にゅういん》する。　×始　○初

② 父《ちち》は郡馬県《ぐんまけん》の出身《しゅっしん》です。　×郡　○群

③ 洋服《ようふく》に赤《あか》や緑《みどり》のボタンを着《つ》ける。　×着　○付

④ 兄《あに》は親切《しんせつ》だし有気《ゆうき》もある。　×有　○勇

⑤ 国語事典《こくごじてん》で調《しら》べる。　×事　○辞

⑥ 姉《あね》と共《とも》に大坂《おおさか》へ行《い》く。　×坂　○阪

⑦ 白物館《はくぶつかん》に出《で》かける。　×白　○博

※⑤言葉や語句について解《かい》説したものが「辞典」です。

7 次の二字のじゅく語に、一文字加えて三字のじゅく語にします。□の中の漢字から選び、□に書きましょう。(同じ漢字は一回しか使えません)　一つ1点(10点)

① 番号札

② 具体案

③ 宅《たく》配便

④ 先住民

⑤ 無意味

⑥ 一回戦

⑦ 印刷機

⑧ 不平等

⑨ 未発表

⑩ 京都府

便　戦　札　府　未

案　無　民　機　不

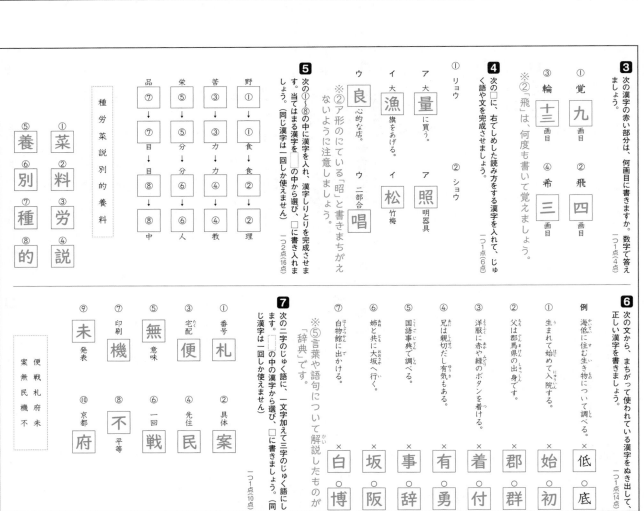

1 ①覚ます　②働く　③失う　④変わった

2 ①顔　②起　③医　④法

3 ①イ　②ア

4 ①愛　②望　③働　④候　⑤康

5 ①願　②利　③付　④漁

6 ①糸　②艹　③亻

7 ①果　②敗　③案　④票

8 ①衣　②米　③置

9 ①勉　②五　③郡　④標

10 ①建　②希　③梨　④茨　⑤芸

11 ①鏡　②牧　③径　④仲

12 ①老　②副　③極　④会

4年 漢字のまとめ

学力しんだんテスト②

名前

月　日

時間 30分

ごうかく80点

／100

答え 14ページ

1 ――線の漢字の読みがなを書きましょう。　一つ1点(25点)

① 陸上（　　）の大会でこれまでの記録（　　）をぬりかえる。

② 孫（　　）が町内会の徒競走（　　）（　　）に出場する。

③ ガラスの花器（　　）に、つんできた菜（　　）の花をかざる。

④ ロンドンの兵隊（　　）ににた人形（　　）をもらう。

⑤ 祖父母《そふぼ》の健康（　　）を家族みんなで祝福（　　）する。

2 □に漢字を書きましょう。　一つ1点(25点)

① □□《いっちょう》は、□□《いちおく》の一万倍です。

② □□《ともだち》の力を□《か》りて荷物を運ぶ。

③ 工場の□□《そうこ》の中は、とても□《しず》かだ。

④ ふきのとうが□《め》を出す□□《きせつ》になる。

⑤ おじは□□《いぜん》、□□《かんさい》に住んでいた。

（切り取り線）

5 次の①～⑧の中に漢字を入れ、漢字しりとりを完成させます。当てはまる漢字を［　］の中から選び、□に書き入れましょう。（同じ漢字は一回しか使えません）

一つ2点（16点）

野①→①食→食②→②理

苦③→③力→力④→④教

栄⑤→⑤分→分⑥→⑥人

品⑦→⑦目→目⑧→⑧中

［種　労　菜　説　別　的　養　料］

① □　② □　③ □　④ □

⑤ □　⑥ □　⑦ □　⑧ □

7 次の二字のじゅく語に、一文字加えて三字のじゅく語にします。［　］の中の漢字から選び、□に書きましょう。（同じ漢字は一回しか使えません）

一つ1点（10点）

① 番号□

② 具体□

③ 宅《たく》配□

④ 先住□

⑤ □意味

⑥ 一回□

⑦ 印刷□

⑧ □平等

⑨ □発表

⑩ 京都□

［便　戦　札　府　未　案　無　民　機　不］

（切り取り線）